EDITORA DO CONHECIMENTO

Auxiliando a humanidade a encontrar a Verdade

Alma Solitária

Alma Solitária

LÚCIO / MARIA STELLA

CONHECIMENTO EDITORIAL LTDA.
Rua Prof. Paulo Chaves, 276 – Vila Teixeira Marques
CEP 13480-970 — Limeira — SP
Fone/Fax: 19 3451-5440
www.edconhecimento.com.br
vendas@edconhecimento.com.br

Revisão: Mariléa de Castro
Projeto gráfico: Sérgio Carvalho
Ilustração da capa: Banco de imagens

ISBN 978-65-5727-136-0
1ª Edição – 2022

• Impresso no Brasil • *Presita en Brazilo*

Impresso na
Primeira Leitura
a gráfica digital da **EDITORA DO CONHECIMENTO**

Dados Internacionais de Catalogação na Publicação (CIP)
Angélica Ilacqua CRB-8/7057

Lúcio (Espírito)
Alma Solitária : os longos caminhos do carma / obra psicografada por Maria Stella – Limeira, SP : Editora do Conhecimento, 2022.
204 p.

ISBN 978-65-5727-136-0

1. Literatura espírita I. Título II. Stella, Maria

22-2574 CDD – 133.93

Índices para catálogo sistemático:
1. Obras psicografadas

Lúcio

Alma Solitária

Os longos caminhos do carma

Psicografado por
Maria Stella

2022

EDITORA DO
CONHECIMENTO

Sumário

Prefácio

Irmãos, paz e amor.

A todos nós, encarnados e desencarnados, nos cabe dar uma parcela de boa vontade no servir.

Fora da vida física desde o século XVIII, outro programa nos aguardava, para no devido tempo ser executado.

Nas tarefas socorristas, encontramos alguns casos que, levados ao mundo físico para conhecimento de nossos irmãos presos ao veículo da carne, elucidassem certos problemas aflitivos que, em todos os tempos, cercaram e ainda cercam a humanidade terrena.

Aqui nos reportamos à história de uma alma isolada que, muito tendo errado, muito sofreu.

Espírito delinquente, vicioso, entregue a toda sorte de crimes, buscou para si mesmo várias vidas de expiações as mais dolorosas. Vamos encontrá-lo ora cego, ora mudo, andrajoso ou ricamente vestido, sempre expiando faltas passadas, sempre punido por si mesmo, pela sua má conduta, pela sua invigilância no contato com o mal. Esse espírito há pouco deixou o mundo físico, completamente redimido das vidas pregressas. Hoje priva conosco, habitando um dos muitos pousos de amor que, espalhados no espaço infinito, recebem almas devotadas ao bem para a ele se consagrarem.

Ciente de nosso programa, qual seja, levar para o mundo terreno os exemplos vivos, os esclarecimentos sobre vidas passadas, mostrando o porquê dos sofrimentos em diversas modalidades, ele próprio, com permissão do Alto, nos pediu relatássemos sua história, seus crimes, seus erros, pecados e também os sofrimentos posteriores, a fim de que sua lição se prestasse a acelerar o progresso dos bem intencionados e a despertar os que ainda se entregam a toda sorte de ignomínias.

Nunca é tarde, e o tempo não passa em vão.

Hoje somos miseráveis, amanhã seremos venturosos. Dentro de nós há luz e sombra, anjo e demônio, homem e fera, virtudes e maldades.

Dominemos o lado mau e o lado bom começará a se ampliar, emitindo raios claros que iluminarão o nosso caminho. Esses raios, pequeninos de início, tornar-se-ão potentes faróis, se soubermos aproveitá-los no discernimento das causas justas, na conduta reta, na oportuna vigilância para não reincidir nos erros que nos arrastam aos abismos os mais variados, os mais dilacerantes.

Possam as várias vidas de nosso irmão, que chamaremos de Cedrik, fugindo ao nome real por motivos justificáveis, servir de exemplo e de incentivo àqueles que, presos ao vaso carnal, se entregam à negligência espiritual, ao descaso das Verdades Eternas, ao desânimo, para não dizer aos graves erros como os que o conduziram a uma série de expiações bastante dolorosas.

Hoje, na qualidade de espírito elevado, Cedrik vos convida à meditação introspectiva, para que, dentro de vossos próprios atos, encontreis a paz dos bem-aventurados.

Paz e amor!

Lúcio

1
O cruel chinês

No olhar de Cedrik perpassou uma nuvem de tristeza, depois sorriu feliz. Terminara seu relato, impressionante para muitos de nossos companheiros que ainda lutam para vencer a si próprios. Agora nada mais temia. Saíra há pouco do vaso físico, após ter enfrentado terrível enfermidade, sofrendo dores cruéis, mas resignado e submisso ante a vontade do Senhor. Na verdade, a dor o visitara antes, mas revoltado, dela não se beneficiou, antes agravou os débitos contraídos anteriormente. Deixando a terra, trespassado pelo sofrimento, entrou na Pátria Espiritual como espírito venturoso.

* * *

Devassando o passado, vamos encontrar Cedrik, na velha China, vivendo como rico mandarim, sob o nome de Li-Itsang. Mau, violento, vingativo, bárbaro, cometendo toda sorte de crimes, os mais hediondos. Sua cólera atingia famílias inteiras que mandava dizimar sem nenhuma piedade. Mesmo dentro de sua classe social era detestado e temido.

Ávido de posses materiais, sacrificou o pai e dois irmãos para herdar grande fortuna. Um criado da casa, dedicado e amigo, se insurgiu contra Li-Itsang e teve a língua arrancada, com todos os requintes de perversidade.

Li-Itsang cedo contraiu matrimônio com a filha de Fao--Shang, amigo e vizinho de quem já recebera favores. Lieu, a jovem esposa, logo percebeu ter-se unido a um mostro sob figura humana. Tinha-lhe medo e asco e, quando sentiu que ia ser mãe, o medo se transformou em pavor. Ao nascer a criança, não sendo varão, como Li-Itsang desejava, mandou que um escravo a atirasse ao rio, enquanto submetia Lieu às mais bárbaras torturas. Mais tarde, outra filha nasceu e Li-Itsang, desesperado, impôs a ela a mesma sorte da primeira e mandou que o escravo arrancasse a faca as entranhas de sua esposa. O escravo se negou a tão nefando crime e teve as mãos decepadas, enquanto ele próprio executava a macabra tarefa. LIeu teve morte horrível e seus despojos foram atirados ao campo.

Fao-Shang tentou vingança e viu sua casa arder em imensa fogueira.

Pouco tempo depois Li-Itsang contraiu novas núpcias, desta vez com modesta camponesa por quem se apaixonou perdidamente. Mas em pouco tempo se fartou e, após infligir-lhe maus tratos, entregou-a a um rico comerciante que lhe vendera, a preço irrisório, umas ricas pedras para sua notável coleção. Tomou depois três concubinas, para maltratá-las tão logo saciada sua sede de amor impuro e inescrupuloso. Outras vieram, com a mesma sorte.

Ao atingir os 40 anos, Li-Itsang era invejado pela imensa fortuna e odiado pela sua crueldade.

Dentre os muitos desafetos estava Ming, sobrinha de Fao-Shang, que havia jurado vingar a morte do tio e de Lieu. Para tanto, não sentiu nenhuma revolta quando Li a tomou para sua diversão. Graciosa e inteligente, sabia conduzir o senhor para se tornar a favorita. Quando sentia o interesse arrefecido, se tornava arredia e sempre com um sorriso enigmático, usando artimanhas as mais diversas, ia conseguindo seu objetivo.

Li-Itsang viajava constantemente e sempre deixava atrás de si um rastro de sangue, de fúria selvagem. Vaidoso ao extremo, fazia questão de, ao regressar, ser recebido festivamente. Todos da casa deviam tributar-lhe honras especiais e por vezes os programas festivos duravam dias consecutivos. As iguarias eram as mais finas, música que o embalasse não podia ser interrompida, criados às dúzias para atendê-lo nos mínimos caprichos.

Na sua última ausência, mais prolongada, Ming começou

a arquitetar um plano. Embora Li-Itsang fosse odiado pelas concubinas e pelos criados, Ming se revestia de toda cautela para não despertar suspeitas. Fazendo-se de entediada com a ausência do mandarim, passou a visitar vasta galeria de arte que havia no rico palácio. Ali havia desde pedras preciosas, objetos de ouro, até finíssimos trabalhos de marfim, executados por mestres chineses e japoneses. Contudo, não encontrou o que procurava, a arma que a livrasse de tão nefanda criatura.

O acaso veio ao seu encontro. Um mercador egípcio fora vender objetos de arte e o criado que o recebeu procurou Ming para, na ausência do mandarim, tratar da transação, caso houvesse interesse para o amo.

Ming sorriu ao ver, entre tantos objetos antigos, um que lhe serviria – um belo punhal com cabo de marfim ricamente trabalhado. Fez-se de desinteressada e começou por examinar algumas estatuetas, painéis, e várias miniaturas. Escolheu o que lhe pareceu mais raro e já ia efetuar o pagamento quando o egípcio insistiu que adquirisse o punhal. Afastando suspeitas, demorou a demonstrar interesse e por fim se decidiu. Ela própria levou os objetos à galeria e o punhal ficou oculto sob suas vestes, jamais se separando de tão útil objeto.

O regresso de Li-Itsang foi anunciado por um *culie*, com alguns dias de antecedência. Ming foi quem deu as ordens para as festividades, o que ocasionou grande ciumeira entre o mulherio. Após algumas divergências, acabaram se entendendo e o programa foi caprichosamente delineado. O extenso jardim foi todo ornamentado com lanternas coloridas, imenso tapete cobria toda a área em que o mandarim fosse pisar. Foram contratados os músicos mais afamados. Iguarias exóticas, bebidas de diversos países foram preparadas. Ming dava o máximo para que tudo saísse a contento do exigente senhor, e não se descuidou de si própria.

No dia anunciado, antes que as trombetas soassem, avisando da aproximação de Li-Itsang, Ming passou horas no banho perfumado. Vestiu-se como uma rainha, nos negros cabelos colocou um belo enfeite de pérolas. Seus pequeninos pés calçavam sandálias bordadas a ouro e pedrarias. O quimono, todo bordado, era de um rosa que acentuava sua bela cor mongólica. E foi assim que se postou no jardim, para receber o poderoso mandarim.

O palanquim, conduzido por quatro *culies*, parou junto ao portão de ferro. Li-Itsang desceu sorrindo, satisfeito com a homenagem e com a pompa do acontecimento. Ao ver Ming teve uma exclamação de surpresa; achou-a linda, tão linda que a carregou nos braços fortes e cobriu-a de presentes valiosos. Ela, com o coração a bater, apalpou o punhal, mas era cedo, não podia se precipitar. Esquivou-se de suas carícias pretextando uma ordem a dar.

Outras concubinas o rodearam, recebendo todas elas presentes de real valor. Muitos desses presentes, ele os adquirira a peso de ouro, mas a maioria fora produto de saque por diversas regiões em que passara. Como de outras vezes, houve incêndios à sua passagem e grande número de vítimas a lhe votar um ódio selvagem.

Diversas arcas contendo pedras, joias, objetos de marfim e jade, foram colocadas no grande salão onde seria servido o repasto. Li-Itsang queria deslumbrar os convivas com ofertas nababescas.

Altos potentados do Celeste Império já se achavam sentados em ricas almofadas quando Li-Itsang, precedido por Ming e Luan, deu entrada no salão. Música se fez ouvir e um grupo de exímias bailarinas passou a animar os festejos.

O mandarim, enquanto comia, narrava detalhes de suas aventuras naqueles quatro meses de viagem. Ante um olhar desconfiado, ele proferia impropérios, para logo em seguida continuar se vangloriando de feitos dantescos. Bebia muito e, à medida que o álcool era consumido, ia ficando irreverente, e ponto de estalar o azorrague para um amigo que se atreveu a elogiar a beleza de Ming.

Após algum tempo, Li se ergueu e foi ele próprio até as arcas e, enchendo as mãos de ricas prendas, arremessava-as às bailarinas, que davam gritinhos de contentamento.

Presenteou amigos com objetos raros e teceu elogios a si próprio pela sua prodigalidade. Voltou a se sentar no lugar de honra e, para surpresa sua, Ming, aos primeiros compassos de um novo número musical, se ergueu e pôs-se a dançar. Tirou uma espécie de capa que trazia sobre os ombros e atirou-a no chão, deitou-se sobre ela com movimentos lentos e serpenteantes, para logo em seguida se erguer, em movimentos lentos e rotativos. Li-Itsang vibrava; não conhecia essa arte de Ming, jamais a julgara inclinada para o bailado. Tão embevecido estava que não percebeu que outro mandarim, Chueng-Wu, a cobiçava ardentemente. Ming, com movimentos graciosos, retirou o punhal de sob as vestes e fazendo dele parte do número, ora o erguia, ora o encostava no próprio peito, atirava-o ao ar, apanhando-o próximo ao chão, dava outros passos serpenteantes e voltava a manejar a arma com maestria. Luan, sua maior rival, olhava-a com intenso ódio e Ming, zombando, fingia que ia atirar-lhe o punhal.

Li-Itsang bebeu mais dois copos de vinho e caminhou para o estrado onde Ming se exibia. Sua voz já era pastosa quando lhe dizia gracejos; tentou agarrá-la, mas com graça e agilidade Ming se furtou ao contato de suas mãos. Ele, colérico, fez a segunda tentativa e, ao ser repelido, tomou-se de fúria intensa. Era justamente o que Ming pretendia. Fazendo sinal aos músicos para que acelerassem o ritmo, ela acelerou também os passos e os movimentos. Rindo provocante, balançava-se na frente de Li-Itsang para levá-lo à agressão. Premeditara o crime para o silencia da alcova, mas lhe seria mais difícil sair impune, agora a oportunidade aparecia e contava sair vitoriosa.

Após voltas, requebros e trejeitos, Ming demonstrou cansaço. Li-Itsang segurou-a pelo calcanhar e ambos rolaram pelo chão. Ele rasgou-lhe as vestes, desnudando os seios e, ao pregar os dentes em um deles, sentiu uma dor aguda no peito: Ming lhe cravara o punhal no coração.

Os assistentes não perceberam de pronto a tragédia consumada. Ainda estavam atentos quando Ming se ergueu. Calma e fria, deixando Li-Itsang de bruços no tablado, se encaminhou para o mandarim Chueng-Wu e juntos deixaram o salão.

Só então, com o grito de Luan, que fora erguer Li-Itsang, julgando-o apenas ébrio, deram-se conta de que ali houvera um assassinato.

Os comentários eram contraditórios; enquanto uns sorriam aliviados, outros lamentavam a ocorrência. Luan correu a perseguir a odiada rival, mas Ming, sob a proteção de Chueng-Wu, já se achava a salvo em outro bairro de Shangai.

Alguns convivas se retiraram de imediato, outros, menos sensíveis, continuaram como se nada houvesse acontecido. Li-Itsang fora odiado por grande número de desafetos; seus crimes eram bastante conhecidos. Muita gente ali fora temendo represálias cruéis, portanto não havia motivos para lágrimas ou lamentações. A própria Luan fingia desespero que estava longe de sentir. Fora maltratada, conhecera o peso da mão de Li-Itsang e ali continuou pelo temor e um pouco por cobiça das riquezas do mandarim.

Lacrimosa, mandou que os empregados da casa cuidassem do corpo enquanto, com mais duas companheiras, procurava persuadir alguns convidados que teimavam em ignorar a tragédia e não queriam se retirar.

No dia seguinte, obedecendo aos ritos chineses, houve uma série de cerimônias fúnebres, Um parente afastado compareceu para reclamar lembranças do morto. Luan, vendo que a hora lhe era propícia, escorraçou o intruso e se apoderou de pertences valiosos para fugir em seguida.

Ming não voltou. As ricas joias não mais a interessavam. Conseguira sua vingança e sentia-se aliviada e quase feliz. Não sabia ela que maus momentos passaria ainda com Li-Itsang espírito.

Haviam decorrido quatro meses. O nome do rico mandarim estava completamente esquecido por aqueles que lhe tinham sido mais chegados. Ming continuava em casa de Chueng-Wu. Recebera novas joias, belas vestes, criadas, e agora ia ser mãe. Embora cercada de todos os cuidados, passou de repente a ter atitudes incompreensíveis. Sempre fora meiga e educada. Essas qualidades eram admiradas pelo seu novo senhor, habituado a tratar com moças temperamentais e agressivas. Agora, entristecido, ele via que Ming não era diferente das outras, embora ainda tivesse momentos de ternura.

Quando Chueng-Wu a censurava por alguma falta, ou ficava seriamente zangada ou corria a pedir-lhe perdão, dando mostras de sincero arrependimento. Beijava-lhe os pés, fazia-lhe uma série de carinhos, cantarolava, para daí a pouco cair em pranto convulsivo.

Faltavam três luas para Ming dar à luz, quando pesadelos infernais começaram a molestá-la, de tal modo que tirava a paz de quantos a rodeavam.

Chueng-Wu residia com esposa e filhos num pavilhão, e em outro Ming e três servas. A mulher de Chueng-Wu estava a par da situação. Não lhe causara revolta a presença da concubina, pois era costume na China que esses fatos se dessem. Porém ela havia imposto que as noites, o esposo passasse a seu lado. Ficou contrariada quando, a chamado de uma serva, Chueng-Wu foi ver Ming que, em sono, gritava como se a estivessem espancando.

Chueng, ao se aproximar do leito, teve estranha sensação; se não controlasse seus ímpetos, teria estrangulado a jovem chinesa. Ming, por sua vez, gritava-lhe que saísse, que ele era Li-Itsang, que vinha buscá-la. No resto da noite ninguém dormiu.

Madame Wu se revoltou com o marido e a vida, antes serena, passou a ser um verdadeiro tormento. Ninguém mais se entendia. Ming não mais suportava a presença de Chueng-Wu e este passou do amor ao ódio intenso. Diariamente as mesmas cenas se reproduziam.

A criada de Ming chamou um aldeão, célebre em exorcismos, para, com sua mágica, pôr fim àquele estado alarmante. A admiração de Chueng-Wu não podia ser maior, pois seu ódio decresceu e aos poucos voltou a se dedicar a Ming. Passou a acreditar, não na presença de Li-Itsang, mas na presença de espíritos maus que queriam arrebatar-lhe o amor da jovem.

A serenidade de Ming voltou; agradeceu à criada, foi solícita com o amo, demonstrou afetividade para com o aldeão, que voltou a visitar a casa.

Mas a paz não devia reinar por muito tempo.

O filho mais velho de Chueng-Wu, contando 17 anos, curioso ao extremo, enquanto todos dormiam, foi ao encontro de Ming. Procurou imitar a voz do pai; no escuro, conseguiu o seu intento, e pela jovem se apaixonou perdidamente.

Era a trama de Li-Itsang, no Espaço, que vencia. Cruel e mau, continuava sua obra nefanda; seu espírito clamava por vingança contra Ming e o mandarim, e o instrumento que tanto procurara foi encontrado na figura do jovem Lao-Wu.

Por diversas noites Lao desfrutara daquele amor. O pai, mais retraído com os ciúmes da esposa, nada percebera. Ming, por sua vez, não notara a diferença física. E a trama do espírito revoltado de Li-Itsang continuava. Quando julgou que a hora era decisiva, se postou junto a Chueng-Wu para tirar-lhe o sono. O mandarim ergueu-se, deu voltas pelo aposento e uma vontade incontida de ver Ming o dominou por completo. A esposa dormia tranquila; pé ante pé, ele saiu em demanda do outro pavilhão.

Ao afastar a cortina de bambu, percebeu vozes. Com quem falaria Ming? Seria o pesadelo que estava a voltar? Mas eram vozes sussurradas. Continuou caminhando. A escuridão era total. Prendendo a respiração, ouviu o diálogo:

– Meu amor, nosso filho será tão lindo como tu. Terá teus negros cabelos, teus belos olhos.

– Sim, querida, e quero que sejas minha para sempre. Tu és o meu raio de sol para aquecer os dias de inverno, tu és o raio de lua para enfeitar as noites de tristeza.

Chueng pensou em retroceder; mas uma voz o intimava: "– Segue, tira-lhe a vida antes que a perjura fuja com outro ou que te mate sem nenhuma piedade. Não tens arma? Usa as mãos. Anda, depois será tarde. Tua vida corre perigo".

Chueng-Wu avançou cautelosamente e, num salto, agarrou um pescoço, torceu, e ouviu um estalido e um grito de mulher. Não sabia a quem atingira. Ele próprio gritou por Ming a toda voz.

A criada apareceu trazendo pequena tocha.

O quadro era apavorante: Ming, olhos arregalados, não compreendia; ao seu lado um jovem dava o último suspiro e o mandarim, debruçado sobre ele, chorava, pedindo aos deuses que lhe tirassem também a vida.

– Que fizeste, pai de meu filho? Tu estavas ao meu lado, falando ternamente, e agora choras? Quem é esse jovem? Por acaso tu o atraíste aqui para matá-lo?

A criada continuava muda de espanto. Chueng não largava o cadáver do filho e Ming, desesperada, tentava que ele falasse.

Após alguns minutos, que pareceram séculos, Chueng se ergueu e, com o olhar a destilar ódio, gritou:

– Traidora, eu roubei a vida ao meu filho, mas foste tu quem o matou, atraindo-o a ti. Entraste nesta casa trazendo maldições. Fingiste que ias me dar um filho, quando me ias dar um neto.

– Não, não, há um erro em tudo isto. Ontem, hoje, estes dias todos, tens estado a falar comigo sobre nosso futuro, prometeste ontem me levar a Pequim, tão logo eu te desse um filho varão.

– Mentes, desalmada. Tu sabes que só estou contigo durante o dia, a noite era para gozares de outras aventuras? E escolheste meu filho. Tu és maldita, mil vezes maldita.

Ming ergueu-se pesadamente, foi a um canto da alcova onde havia pequeno móvel, abriu-o sem ruido. Um baque surdo, e seu corpo estava atirado ao solo. A criada chinesa deu um grito, Chueng se curvou e ouviu suas palavras que saíam com dificuldade:

– Homem descrente, não percebeste que teu filho usava tua voz? Ambos fomos traídos; nunca o vi antes juro-te; julguei que... tinhas abandonado tua esposa... por isso passavas as noites comigo. Nosso filho sabe... Estou com medo... É ele que volta... Quer me levar... Não... Não...

Chueng ergueu o corpo de Ming e colocou-o no leito. Seu olhar pousou em Lao. Seria verdade? Ele usara seu nome, sua voz, para chegar até Ming? Como dizer à esposa o ocorrido?

O mesmo punhal que Ming comprara ao egípcio e que eliminara Li-Itsang ali estava, tinto de sangue. Chueng sentia-se tentado a usá-lo para si próprio. Pensou na esposa a quem amava, nos outros filhos que dependiam dele. Saiu a correr, deixou a casa e pôs-se a vagar pelas ruas ermas.

Tudo escuro, tudo deserto. Caminhou sem rumo, não conseguia coordenar os pensamentos. Por vezes se deteve e olhou para trás: parecia que alguém o seguia, parecia-lhe ouvir a voz de Ming. Voltava a vê-la dançando em casa de

Li-Itsang e amaldiçoou aquela festa. Até então tivera paz no coração. Por que não fugiu quando os seus olhares se encontraram? Por que a levou consigo, se era feliz no lar? Seu pensamento voltou ao filho morto por suas próprias mãos. Lao, o filho mais velho, o filho querido para quem tanto sonhara. Um soluço amargo e Chueng tomou o caminho de volta.

O dia amanhecia quando ele entrou em casa. Foi ver a esposa que dormia ainda. Revestiu-se de coragem e foi à procura da serva que presenciara parte da tragédia. Encontrou-a no mesmo lugar. Sentada no chão, soluçava baixinho. Ergueu-se quando o mandarim entrou. Em seu olhar, de ordinário humilde, ele percebeu um lampejo de ira incontida. Ela cruzou os braços e esperou que o amo falasse.

– Sing-la, nada sabes, nada viste, compreendeste bem? Mais tarde irás ao Pavilhão Azul anunciar a tragédia. Cuidarão da senhora, enquanto tomarei providências urgentes para a remoção de Lao para aquele pavilhão.

A mulher fez um gesto negativo com a cabeça, depois sorriu. Chueng já se irritava com a desobediência muda, quando ela falou:

– Sing-La tomar lugar Ming, fazer tudo. Sing-la moça, gosta do seu senhor – e voltou a rir.

Só então Chueng-Wu compreendeu que não teria outra alternativa. Fez-lhe uma carícia, provando-lhe que aceitava a proposta, e retirou-se do aposento.

Horas mais tarde, profunda amargura dominava a senhora Wu, contudo não se exasperou. Olhou o filho demoradamente, mas parecia estar distante. Não quis ver Ming e não censurou o esposo, mas durante os anos que ainda teria que viver jamais o olhou, jamais lhe dirigiu a palavra. Para ela, Chueng-Wu fora sepultado junto com o filho mais velho.

* * *

Li-Itsang, cruel e vingativo, havia vencido a trama que no Espaço arquitetara. Não sabia ele que, por longo período de tempo, arrastaria penosas vidas, em diferentes lugares, com sofrimentos físicos e morais os mais diversos. Mas nesse instante ele gargalhava feliz, e gargalhando saiu à procura de

Ming; queria encontrá-la, precisava encontrá-la para completar a sórdida e mesquinha vingança. Ming lhe roubara a vida no justo momento em que ele se sentia plenamente venturoso na terra, por isso a fez sair também da vida física com a mesma arma. Sim, ela estava morta, mas onde? Por que lhe fugira? Como conseguira escapar-lhe? Maldita curiosidade, ele fora espionar o inimigo Chueng para gozar seu sofrimento e Ming foi arrebatada.

Qual um monstro errante, Li-Itsang corria por diversos lugares a gritar: " – Ming... Ming, onde estás? Ming... Hei de encontrar-te, tu és minha". Gargalhava, se enfurecia, esbravejava e voltava a gritar: "– Ming... Ming..."

A chinesa também padecia horrores, dores cruéis, em imensa solidão. Não sabia onde se encontrava, gritara por Chueng-Wu e ele não lhe respondera; chamara por Sing-La sem obter resposta. Onde encontrar seu amigo? Quis andar, correr, fugir, mas sentia-se presa. Um medo pavoroso a dominou, quando ouviu a voz de Li-Itsang. "É ele, é ele, onde estará? Veio me buscar, preciso fugir". A voz se aproximou; ele passou rente a ela, não a viu ou não a reconheceu? Há quanto tempo estava nesse desespero?

Novamente a solidão, pio de aves de quando em quando. Desanimada, ergueu-se com dificuldade, deu alguns passos e sentiu uma sombra junto de si. Quis falar, a voz não saiu. "Muda... estarei muda?" Novamente ouviu o seu nome: "– Ming, Ming..." Mas essa voz lhe era desconhecida... Seria amiga? Ou seria seu algoz que a modificava para conseguir seu intento? Sentiu que mão vigorosa a tocava; recuou espavorida, correu o quanto pôde, mas o cansaço a venceu: tombou no solo pedregoso. As mãos a enlaçaram e Ming sentiu que a transportavam para algum lugar. Novamente quis falar, mas sua garganta estava ressequida, não conseguia articular as palavras. Pôs-se a debater-se furiosamente, tentando escapar.

– Sossega, Ming, também eu fujo de Li-Itsang: sou Lao, o filho de Chueng. Também padeço nestes lugares ermos; há muito te procurava para pedir perdão.

Ante o impacto da surpresa, Ming se revigorou e conseguiu falar:

– Traidor! Traíste o teu pai e a mim também. Deixa-me, cão miserável, prefiro a solidão à tua companhia. Fui miserável quando tirei a vida de Li-Itsang, mas eu o odiava e vingava a morte de parentes meus; e tu? Fingiste que eras teu pai, fingiste que eras o pai de meu filho, para gozar tua vida pecaminosa. Desgraçaste a vida de toda tua família e a culpa recaiu sobre mim. Deixei a vida livremente por me sentir indigna de viver. Tu és mais monstro do que Li-Itsang. Larga-me, quero fugir ao teu contato impuro, tu me causas asco.

– Tens que me ouvir, Ming. Estou te pedindo perdão; reconheço meu erro. Fui movido pela curiosidade e me apaixonei por ti. Já paguei bem caro o meu erro. Sofro mais do que supões. Ali há uma pedra grande, vamos nos sentar e conversar com calma.

Momentos depois, ela respondia:

– Não quero conversar coisa nenhuma, deixa-me em paz, se é que possa haver paz nesta região sombria e lúgubre. Prefiro estar só como tenho estado sempre.

Lao, por essas palavras, sentiu que a cólera de Ming havia arrefecido e aproveitou para um entendimento:

– Ming, não quero deixar-te só; o ódio de Li-Itsang te alcançará e poderás passar maus momentos. Peço, imploro-te: tu me perdoas? Agi como canalha, bem sei, mas foi por amor a ti, não queria perder-te. Era minha intenção dizer-te a verdade, porém adiava o momento, temendo ser repudiado. Vamos juntos ver meu pai, gritaremos até que nos ouça.

Ming ia responder quando ouviu uma estrondosa gargalhada; voltou-se e deu com Li-Itsang, mais horroroso, disforme, dir-se-ia um monstro com forma humana. Sua voz rouquenha gritou:

– Miserável, tenho-te afinal! Fugiste, mas te alcancei; tu irás comigo, tenho tarefa para ti. Já me vinguei em parte de Chueng, mas falta outro tanto. Tu me ajudarás, como teu companheiro me ajudou.

– O quê? – perguntou Lao, assustado.

– Sim, tu agiste como meu instrumento; te fiz correr para Ming para me vingar de teu pai; fiz com que ele tirasse tua vida, para que sofresse.

Novamente gargalhou e acrescentou: – Ele perdeu o filho e a vil traidora.

– Miserável és tu, Li-Itsang, e hás de conhecer o poder do meu ódio – gritou Ming, quase sufocada. Sem saber como, viu-se algemada, e grossa corrente a prendia ao ex-mandarim.

Lao tentou separá-los, gritou, fez força, e nada conseguiu.

Rindo bastante, Li continuou:

– Agora sabes que estás presa a mim, ninguém te ajudará; e quanto a ti, meu rapaz, não te importunarei mais, desde que não atravesses o meu caminho. Estás livre. Podes seguir para onde quiseres.

Li-Itsang arrastou Ming; embora a corrente fizesse barulho, Lao ouviu a voz da moça a gritar-lhe:

– Agora acredito em ti e perdoo-te; faz tudo para me libertar deste monstro.

Lao continuou sentado. Após as palavras de perdão que ouvira de Ming, sentiu-se aliviado e pôde pensar com mais clareza. Como poderia libertar a cativa? Que tentaria Li-Itsang contra seu pai? A quem recorrer? Sair dali para onde? Esquecera o caminho de casa e, no entanto, sentia que não estava muito distante. Ergueu-se lentamente. O silêncio era completo, a escuridão quase total; mesmo assim começou a caminhar. Seu pensamento estava ligado a Ming; para onde teria sido levada? Como encontrá-la?

Ao longe percebeu fraca luz. O que seria? Tomou o rumo dela; sentia-se terrivelmente cansado quando se aproximou do lugar. Entre receoso e aflito, deu mais alguns passos e viu que estava defronte a um pagode chinês. Seria um templo? Ao encostar a mão no portão, ouviu um som, espécie de sineta; assustou-se e ia se retirar quando um monge se apresentou e embargou seus passos.

– Não te vás; aqui encontrarás asilo; estás entre amigos que te poderão ajudar. Entra, depois conversaremos.

– Mas eu... eu...talvez o senhor não me atenda, mas sou uma alma a errar, só tenha figura humana, mas...

O monge riu do embaraço do jovem e o empurrou para dentro.

– Aqui todos nós vivemos em espírito, Lao-Wu. Tu receberás instruções e te acostumarás ao nosso convívio.

– Como sabe o senhor o meu nome?

– Tua mãe pede por ti, por isso foste encaminhado até nós. Há tempos deixaste a terra e só o percebeste após teres reconhecido teu erro. Hoje foste perdoado e teu espírito se aclarou.

– E Ming? O senhor não podia ajudá-la? Ela foi levada por Li-Itsang e creio que suas intenções eram as piores; além disso, temo por meu pai.

– Não te inquietes, Lao. Ming será libertada um pouco mais tarde; ela se deixou envolver pelo ódio e terá que sofrer as consequências. Tudo vem no devido tempo. Quanto ao teu pai, ainda se encontra na matéria, mas por pouco tempo; sua saúde é precária. Vive a pensar em ti e não se deixará arrastar novamente aos convites que Li-Itsang lhe fizer.

Lao analisou o lugar em que se encontrava, tão simples mas tão acolhedor. Cerrou os olhos por um momento e teve grande sensação de paz. Ao abri-los, viu outros monges que lhe sorriam. Ficou um tanto embaraçado, mas o primeiro, que lhe abrira a porta, esclareceu:

– Não te assustes. Aqui vivemos em comunidade, todos trabalhando pelo bem do próximo. Pertencemos a uma seita taoísta e não longe de nós há um grupo budista que tem encargo semelhante ao nosso. Agora vais repousar. Ficarás conosco uma temporada e aprenderás a amar a Deus e aos homens. Se precisares de algo chama por mim. Meu nome é Wang.

Lao foi acomodado em pequeno aposento e ali desfrutou de tranquilidade absoluta.

Longe dali, Ming se desesperava. Seu odiado companheiro a arrastava por vilas e cidades, sempre perturbando os vivos incentivando-os à prática do mal. Planejava crimes, atiçava discórdias e gargalhava sinistramente quando saía vitorioso. Assim chegaram a Shangai e ao rico lar de Chueng-Wu.

Entraram sem obstáculos. O mandarim repousava. Quando Ming o viu teve um estremecimento. Onde o belo homem de outrora? Ali via um velho cor de cobre, raros cabelos, fisionomia fechada. Ao seu lado, numa esteira, estava Sing-la, bem vestida e ostentando joias. Ming tentou se aproximar do velho chinês mas Li-Itsang impediu-a com presteza. Ela gritou, pedindo ao mandarim que a perdoasse, porém o velho continuava a dormitar e nada percebeu à sua volta. Li riu com alegria e comentou em voz alta:

– Estou satisfeito; esse trapo teve o que merecia. É um morto que teima em viver mas em breve estará ao nosso lado, então ficará sob meu jugo. O inverno está para chegar; não acredito que ele resista às primeiras nevadas.

Li-Itsansg chegou-se ao mandarim, falou-lhe ao ouvido, mas o velho não se mexeu, não deu o mínimo sinal de perceber as malévolas sugestões que lhe eram endereçadas. Irado, Li foi para junto de Sing-la; a ex-criada ergueu-se da esteira, olhou à volta; estava inquieta, agitada, quando voltou a sentar-se. Li-Itsang passou a sorrir, observou a chinesa por uns momentos, depois puxou Ming para fora.

– Vamos, nada mais temos a fazer aqui. Teu amigo será hoje bastante atormentado por aquela idiota.

Após diversas paradas com fins destruidores, rumaram para uma caverna que havia nas montanhas de Kwang, onde, por ser distante, Li acreditava que Ming ficasse bem oculta. Ali a prendeu e saiu à procura de um comparsa a ele ligado havia séculos, e de quem necessitava no momento. Varou grotões, atravessou rios, andou por lugares desertos e inóspitos, visitou esconderijos e não conseguiu encontrar o aliado.

Ao regressar, revoltado e aborrecido com a própria derrota, Li-Itsang foi tomado de intenso furor: sua vítima havia desaparecido.

A corrente em que a prendera ali estava, a desafiá-lo.

Saiu a correr, gritando, e gritando mergulhou num mundo diferente.

2
A revolta do mudo

Li-Itsang fora internado numa colônia espiritual, onde passaria longos anos.

Outrora, em tempos que já vão longe, ele fora um chefe tártaro célebre pelo seu barbarismo. Nessa época, conviveu estreitamente com espíritos rebeldes, delinquentes e agressivos quanto ele próprio. Kelag fora um deles, e os unia um elo de simpatia que ainda perdurava, desafiando os tempos.

Separados pela lei da reencarnação, Kelag, aos poucos, se modificara. Nele nada mais havia de bárbaro. Sofrera no Espaço, sofrera em diversas vidas físicas e, embora não fosse ainda um espírito redimido, tinha tendências para o bem, qualidades que o credenciaram a alguma elevação.

Li-Itsang, ao deixar Ming na caverna, saíra à procura de Kelag. Esperava encontrar o amigo com as mesmas disposições de outrora. Preso ao egocentrismo que sempre o dominara, Li jamais pensou em práticas caridosas e, no seu modo de julgar, todos os seus aliados ainda eram propensos a aceitar-lhe as ordens de absoluto senhor.

No entanto, foi o próprio Kelag que, no estado atual de um monge no templo taoísta, sob as ordens de Wang, ouvindo o apelo do amigo, quis por ele fazer algo de bom e foi em seu socorro. Libertou Ming para que fosse socorrida alhures, enquanto ele próprio encaminhava Li-Itsang para a colônia regenerativa.

Muitos anos se passaram. Ming voltou à terra em curta existência, sofrendo insidiosa moléstia cardíaca, enquanto Li-Itsang não dava demonstração de nenhum aproveitamento em seu próprio benefício.

Mas alguns anos e ele foi encaminhado compulsoriamente à vida física, sofrendo total paralisia da língua.

Mais uma vez voltou a viver na China. Nasceu num mísero bairro de Nanquim e teve, nos primeiros anos de existência, o amor e a ternura dos pais que, embora na pobreza, não mediram esforços para fazê-lo feliz.

Ele foi o quarto filho e recebeu o nome de Hung-Chu. Mais tarde a família foi acrescida. Com a chegada de novos rebentos, a vida, já bastante difícil, passou a ser de miséria extrema.

Hung-Chu, sem poder falar, demonstrava com gestos o seu desespero quando alguma coisa lhe faltava. Embora gozasse de saúde perfeita, ele se considerava um doente e exigia para si o melhor trato. Os irmãos mais velhos se rebelaram quando o apanharam a furtar frutas de um vizinho.

Hung, contando nessa época 12 anos, demonstrou o seu temperamento violento ao agredi-los impetuosamente. Logo depois morreu-lhe o pai. Pao-Chu, o irmão mais velho, assumiu a direção da família e, ao exigir que o irmão trabalhasse, recebeu como resposta grunhidos e gestos obscenos. Dias depois, Hung sumia de casa para não mais aparecer.

Viveu algum tempo da caridade pública, mas em pouco ficou conhecido pelos furtos e por ações impiedosas que praticava com velhos e enfermos.

Vagava pelas ruas, roto e faminto, quando dele se aproximou um homem bem trajado. Usava vestuário de cetim negro e trazia as mãos ocultas nas mangas.

– Meu rapaz, teu aspecto me faz pensar que sejas um desfavorecido da sorte; mas às vezes em minutos a vida se modifica. Quero crer que não tens família e passas necessidades. Estou pronto a ajudar-te se entrarmos num acordo, pois também preciso de teu auxílio.

Hung-Chu soltou um dos seus grunhidos e fez um gesto com a mão.

– Bem, não queres falar; eu ia propor-te um bom negócio, mas procurarei outro que esteja mais interessado – e retirando uma das mãos de dentro da larga manga, apanhou uma moeda e jogando-a para o ar, deu os primeiros passos, se afastando.

Hung o deteve e, por mímica, fez-se entender.

– Oh! Tu és o mudo. Já ouvi falar de ti, e as recomendações não são muito favoráveis. Que fazes no momento? Não trabalhas, vives do quê?

O rapaz voltou a responder por gestos e fez-se entender. Disse que passava fome, sentia frio e aceitaria a proposta que viesse.

O senhor Fu-Lang sorriu satisfeito e, segurando o rapaz pela mão, levou-o à sua residência. Introduzindo-o numa saleta, o fez sentar em macia almofada. O mudo estava encantado; jamais fora alvo de tanta honraria. Ali lhe foi servido um *chou-mein* e depois uma taça de chá. Hung devorou o prato, bebeu o chá com avidez e pôs-se a rir.

– Vamos agora ao negócio. Tens família ou parentes que te prendam a este lugar?

A resposta foi negativa, embora nesse momento Hung-Chu se lembrasse da mãe e de uma das irmãs de quem muito gostava.

– Ótimo, assim facilitará teu trabalho, pois uma vez executado, terás que deixar esta cidade. Não te aborreces por isso? Posso confiar em ti? Não me trairás?

O mudo respondeu a contento e o sr. Fu-Lang prosseguiu:

– Bem, se tu souberes aproveitar a sorte, ficarás, se não rico pelo menos com vida folgada, mas se me delatares ou fugires com as pérolas, matar-te-ei como a um cão, estás ouvindo bem?

A um novo assentimento de Hung, Fu-Lang continuou:

– Sou comerciante e tenho um sócio Ele foi ao Japão e voltará com preciosidades, as mais valiosas: pérolas, jade e objetos de marfim. Dentro de algumas semanas ele deverá desembarcar no porto de Shangai. Nós iremos encontrá-lo e tu usarás este ***hoak*** – assim dizendo, passou às mãos do mudo a arma que o livraria do sócio. – Até lá, tu te hospedarás aqui e nada te faltará, nem roupa, nem alimento e, se precisares de alguma coisa, vem direto a mim.

Nessa noite, Hung dormiu muito bem, sentiu-se feliz por

haver abandonado a família e não voltou a pensar na mãe e na irmã querida. Fu-Lang não voltou ao assunto nos dias que se seguiram.

O mudo, bem alimentado, aumentara de peso e tinha agora um ar diferente, quase arrogante. Mas, sem que ele percebesse, todos os seus atos eram vigiados, todos os seus passos eram seguidos.

Pouco antes da viagem a Shangai, Fu-Lang chamou outra vez o mudo para acertar detalhes.

– Hung-Chu, vamos esperar nosso companheiro. Viajaremos juntos mas como desconhecidos. Aqui tens o necessário para a viagem e depois que cumprires teu dever, receberás a outra parte e ainda alguma mercadoria de real valor.

Os olhos do mudo demonstraram cobiça, enquanto esfregava as mãos de contentamento.

Em Shangai, Fu-Lang permitiu que Hung-Chu se instalasse na mesma hospedaria, passando por filho de um amigo. Assim teria o mudo sob suas vistas e controlaria seus impulsos, por vezes rebeldes.

A galera, procedente do Japão, aportou ao amanhecer. Fu-Lang abraçou o sócio, dando-lhe boas vindas, satisfeito com a enorme bagagem que ele trouxera.

Após a primeira refeição, Chung, o sócio de Fu-Lang, manifestando cansaço, se retirou para seus aposentos e levou com ele todos os pacotes e sacolas de couro cru. Esse gesto irritou o amigo, que o seguiu e, conseguindo entrar no aposento, tiveram forte altercação, culminando em agressão física. O mudo espreitava; ao ouvir rumores, entrou em cena e, com uma fúria selvagem, atacou seu protetor e, usando a arma que recebera, lhe tirou a vida com um golpe certeiro. Chung, ao ver o sócio estendido no solo, reverenciou o mudo, todo agradecido.

– Salvaste-me a vida; estou pronto a fazer por ti o que outrora fiz por este cão imundo. Ele nada tinha de seu; amparei-o, dei-lhe nome, fortuna, e ao que parece, pretendia roubar-me.

Hung fez um gesto afirmativo. Procurava captar, cada vez mais, a confiança do rico comerciante. Fez uma série de sinais, dando a perceber a intenção que o outro tivera.

Chung era um homem baixo, franzino, porém astuto. Enquanto o outro falava por mímica, ele sondava-lhe o íntimo, procurando analisar a situação e observando até onde ia sua sinceridade.

Hung, por sua vez, não falava, mas tinha ouvido apuradíssimo e grande perspicácia. Intimamente sabia que precisava agir depressa se quisesse enriquecer sem trabalho. A condição de sócio não lhe serviria de modo algum – teria que voltar à sua cidade ideia que lhe desagradava. Ser submisso à vontade do outro lhe tirava todo o estímulo. Assim pensando, fez com gestos sóbrios um pedido simples: queria apenas algo que lhe servisse de recordação daquele dia.

Chung, embora um tanto cauteloso, se curvou e abriu o pequeno saco de couro. Retirou diversas caixas e as colocou no chão. Antes de abri-las voltou-se para o rapaz:

– Seu pedido é modesto, mas minha gratidão é tão grande quanto o céu que cobre o nosso imortal império. Quero-te para meu sócio; estou velho e a vida me foge. Aceitarias voltar a Nanquim e ver teu nome brilhar? Tu e toda tua família estariam amparados contra eventos do porvir.

Hung-Chu fingiu meditar, mas bruscamente saltou sobre o comerciante e apertou-lhe a garganta. Chung, enquanto teve força, lutou para se libertar, mas em pouco sucumbia e seu corpo ficou estirado ao lado de Fu-Lang.

O mudo, abrindo caixas e embrulhos, ia tendo exclamações de surpresa e contentamento. Não lhe seria possível sair com aquele carregamento todo. Mas havia tempo para a escolha. Foi selecionando os artigos de maior valor e ocultando-os sob suas vestes; por fim, os mais pesados foram colocados em pequena cesta de bambu que encontrara no local. Não lhe foi difícil sair sem ser notado. Com espantosa calma deixou a hospedaria, atravessou ruas e foi dar no porto. Ali, embarcações as mais variadas estavam atracadas. Teve desejo de deixar o país e amaldiçoou os céus e os pais por ter nascido mudo. Se pudesse falar tudo seria fácil.

Vagueou sem rumo certo, pensativo; não, deixar o país não seria solução, encontraria dificuldades para entender e ser entendido, além do que poderia ser preso e perder sua fortuna.

Fez meia volta e se encaminhou para a cidade. Anoitecia e ele sentiu cansaço. Entrou em modesta casa de chá, sentou-se e esperou ser servido. A bebida o tirou da depressão que começava a sentir. Ao lado, dois homens conversavam sobre negócios e falaram em Hong-Kong por diversas vezes. Hung ficou alerta à conversa e soube que um deles ia partir para aquele lugar ao amanhecer.

Sim, como não pensara nisso antes? Hong-Kong ficava ao sul, muito distante de Nanquim; ali estaria a salvo de qualquer perseguição. Agora, era não perder de vista o viajante, seguir-lhe-ia todos os passos até conseguir seus objetivos.

Meia hora depois os dois homens ganharam a rua. Hung, discretamente, os acompanhou. Ao cabo de algum tempo eles se separaram, tomando direções opostas. Ele continuou seguindo o que lhe interessava e, estugando os passos, o alcançou. Na sua linguagem, o fez entender que desejava acompanhá-lo a Hong-Kong, que possuía mercadoria para ser entregue a um estrangeiro. O comerciante não se opôs; viu no mudo um pobre coitado que procurava ganha a vida honestamente. Levou-o consigo e, ao amanhecer, estavam ambos instalados no barco que comumente navegava entre Shangai e Hong-Kong.

Não haviam deixado ainda o porto quando Hung, todo atento, percebeu que um grupo falava de um crime praticado na véspera. Dizia um:

– Mas não teria mesmo sido latrocínio?

E outro: – Não, embora houvesse essa hipótese, foi logo afastada, pois foram encontradas várias peças de valor, inclusive uma coleção de pérolas raras que estavam amarradas ao corpo do mais velho.

– E a que resultado chegaram as autoridades? Houve investigações?

– Sim, o criado foi detido, mas não pôde informar nada. Acredita-se que o mais moço tenha atacado o mais velho e este, ainda com alguma força, tenha atirado o *boak* sobre o outro. Eles teriam divergências sobre negócios e...

– Qual, por mim não creio nessa história. Deve haver um terceiro personagem com motivos sérios para exterminar duas vidas.

O mudo continuava olhando o mar com aparente indiferença por tudo, mas, enquanto estava tranquilo por não ter sido citado, se revoltava contra si próprio por não haver descoberto as pérolas raras.

O barco se pôs em movimento e Shangai, com seus encantos e misérias, ficou para trás.

Hong-Kong apresentava um aspecto completamente diferente aos olhos de Hung-Chu. Muitos estrangeiros, falando línguas esquisitas. Vestimentas extraordinárias, odores que desconhecia, pratos de sabor indefinido. Sentiu alguma saudade de Nanquim, do rio Yang-Tsé-Kiang, onde costumava se banhar, e até um pouco da família.

Hospedou-se num hotel de segunda classe, embora seu desejo fosse ter tudo do melhor.

Alguns dias depois, após visitar bazares diversos, resolveu procurar estrangeiros para vender algumas pérolas. Nas casas de comércio havia pechinchas e o mudo achou que podia ser explorado.

Visitando bazares, pôde aquilatar o valor de cada peça, inclusive de objetos de arte feitos de marfim.

Foi feliz na primeira investida que fez no bairro estrangeiro. À primeira porta em que bateu, conseguiu vender rico colar e algumas pérolas avulsas à senhora Hoover, inglesa residente naquela cidade havia alguns anos e bastante conhecedora do mercado perlífero.

Hung-Chu, sempre fazendo-se passar por próspero comerciante, saiu feliz com suas libras, prometendo voltar algum tempo depois, com novos e raros artigos.

Voltou ao hotel, não antes de adquirir novas roupas. Bem vestido, bem apresentável, resolveu se instalar em outro de maior conforto. Pôde se dar ao luxo de alugar um riquixá que o transportasse com sua bagagem.

O mudo passou a ter vida invejável, mas crescia dentro dele a revolta por não poder falar. Por vezes sentiu-se admirado por donzelas, mas todas lhe fugiam ao primeiro contato;

umas se apiedavam de seu estado, enquanto outras demonstravam o mais profundo desprezo. Apenas uma o aceitava, demonstrando sincera afeição. Era Liu-Ta, a criada do hotel. Ela o compreendia em todos os gestos, percebia seu sofrimento sempre que alguém o chamava de "o mudo" e sofria quando o via triste e amargurado. Mas Hung, quando a via dócil e contemplativa, se irritava, não queria seu amor e detestava seu servilismo. Por vezes a escorraçou de seus aposentos. Ele era um pária, um plebeu que buscava poderes.

Meses se passaram. As primeiras nevadas caíram e o mudo se viu preso ao leito. A princípio pensou ser uma mal passageiro, mas dores foram lhe invadindo todo o corpo e não mais teve movimentos.

Desesperado, aflito, queria pedir algo, mas apenas o grunhido rouco lhe saía da garganta. Liu-Ta sobressaltou-se quando o viu nesse estado. Não era mais o belo homem por quem se apaixonara; ali estava um monte de carnes e ossos em triste figura humana. O olhar de desespero e revolta dava-lhe um aspecto sombrio e animalesco.

Em pouco os gritos roucos passaram a incomodar as altas personalidades estrangeiras que, por negócios vários, ali se hospedavem, e os proprietários da casa convidaram o mudo a se retirar.

Liu-Ta se compadeceu do enfermo e foi ela própria providenciar transporte para outro local. Mas para onde levá-lo? Quem o receberia naquele estado? Lembrou-se então de sua família, residente a alguma distância. Sua mãe, quando moça, havia trabalhado nas "missões" e aprendera alguma coisa sobre doenças. Talvez agora pudesse fazer algo por Hung-Chu; o problema seria o pai: como convencê-lo? Quase a correr, com seus passinhos miúdos, Liu-Ta chegou ao lar. A mãe teve surpresa ao vê-la, pois saíra de casa sem consentimento da família. Em poucas palavras, Liu explicou o motivo de sua visita.

– Não é bom, filha mais velha, que tragas para cá um estranho. Tu não tiveste vergonha de sair e não tens mais direito de nos procurar.

– Mãe, ele tem riquezas, vende mercadorias finas no bairro estrangeiro; se ele perece pela vontade do céu o pai não mais precisará sair à pesca.

– Tu disseste que o doente é mudo; como entendê-lo? Será melhor que procures o dr. Wyatt; se ele é rico, poderá pagar o tratamento.

Fao-Ta entrou nesse momento e, quando viu a filha, recuou, para em seguida avançar em sua direção, tentando atingi-la a pontapés. Liu-Ta, amedrontada, fugiu e a correr deixou a casa.

Voltou ao quarto do enfermo desanimada, mas para sua surpresa, ali estava o dr Wyatt. Quem o chamara tinha sido um chinês de aspecto humilde e que chegara poucos dias antes, procedente de Shangai. Quando o médico voltou ao salão, o chinês se identificou: era da polícia de Nanquim. Liu-Ta escondeu-se o quanto pôde para ouvir a conversa quando ouviu falar de polícia.

– Como está o enfermo, dr. Wyatt?

O médico, em perfeito chinês, respondeu:

– Creio ter sido chamado um pouco tarde, contudo há esperanças se houver uma acentuada melhora nas próximas horas. Ele tem temperatura elevada e não dá acordo do que se passa ao seu redor.

– Ótimo, assim poderei começar meu trabalho. Devo revistar seus pertences e ver se há pista segura para acusá-lo de assassino e ladrão.

Liu-Ta a custo conteve um grito, mas deixou perceberem sua presença. Foi então chamada a depor.

– Sabes o nome do mudo que se hospeda nesta casa?

– Sim, é Hung-Chu, e todos aqui o conhecem com esse nome.

– Sabes onde residia antes de vir para Hong-Kong?

– Não, eu o conheci aqui há pouco tempo.

– Por que te interessaste por ele, a ponto de querer removê-lo para tua residência?

A moça corou, depois respondeu firme:

– Embora ele tenha me desprezado por ser criada eu julgava amá-lo.

– Julgava? Não o amas, então?

– Não, tive certeza quando o vi no leito, feio e maltratado.

– Por que então quiseste retirá-lo daqui? Pensavas em retribuição vantajosa?

– Tive piedade; é um ser humano.

– Sabias que ele vende objetos que não lhe pertencem?

– Não.

– Conheces alguma pessoa com quem ele tenha feito negócios?

– Não conheço, mas sei que visitava o bairro estrangeiro com frequência.

– Está bem, irei até lá depois que revistar o quarto.

O dr. Wyatt se despediu e o comissário Fung-Tse, acompanhado de Liu-Ta, entrou no quarto do enfermo.

Hung não abriu os olhos e o visitante se pôs a examinar o local. Desdobrou roupas, apalpou almofadas e apenas encontrou algumas moedas; entre elas havia uma libra esterlina. No fundo de um móvel baixo a pequena cesta de bambu lhe chamou a atenção. Ao retirá-la, sentiu-a pesada. Sorriu satisfeito.

Abriu-a e encontrou o que buscava havia meses: envolta em lenço de seda, ali estava riquíssima miniatura do templo de Shiva. Havia ainda peças de valor, em bronze, marfim, jade e poucas pérolas.

– Sim, sim, é este o homem que procuro, não há mais dúvidas.

Liu-Ta não tirava os olhos do polícia. Ardia em curiosidade quando ele novamente lhe dirigiu a palavra:

– Se o mundo acordar, nada comentes sobre minha visita; se o fizeres estarás envolvida no caso.

Fung-Tse se dirigiu ao bairro estrangeiro e visitou diversas residências e, em muitas deles, encontrou peças que lhe interessavam. Contudo só na última, em casa da senhora Hoover, encontrou o valioso colar. A dama inglesa se mostrou contrafeita com a inesperada visita e se propunha mandar chamar o esposo, alto funcionário administrativo, quando o visitante, exibindo documentos, relatou o motivo de sua presença.

– Senhora, lamento ser obrigado a esta visita, porém estou devidamente informado de que a senhora adquiriu um rico colar e pérolas japonesas que fazem parte de uma preciosa coleção. São pérolas selecionadas e de alto custo e, ao que me parece, as adquiriu de um ladrão que assassinou dois comerciantes para obtê-las.

A senhora ficou lívida. Parecia amedrontada quando respondeu em chinês:

– O senhor tem certeza do que diz? Na verdade, possuo um rico colar e também algumas pérolas finas, mas comprei-as a um comerciante honesto que, embora sendo mudo se faz compreender bem. Ele viaja constantemente nesse ramo de negócios.

– Perdão, senhora, mas essa não é a verdade. Esse mudo está há pouco tempo em Hong-Kong, e daqui não saiu após ter se instalado no melhor hotel. Ele é um pária de Nanquim, viveu muito tempo da caridade pública, depois, com habilidade, conseguiu a confiança de próspero comerciante que o levou a Shangai, aonde devia receber o sócio que fora ao Japão Ambicioso que era, antevendo uma vida fácil futura, não hesitou. Liquidou os dois e se apoderou de uma parte da rica mercadoria e fugiu para esta cidade. Não lhe foi difícil; justamente por ser mudo, todos o acolhiam bem e jamais alguém duvidaria de sua pessoa.

– Estou pronta a entregar-lhe, senhor, o colar e as pérolas, mas, se não for indiscreta, desejaria antes saber como chegou à conclusão de que esse mudo é o homem que procura.

– Investigando, senhora. Sou comissário em Nanquim. Fui procurado pela família Lang e por ela soube que esse mudo foi hóspede da casa por poucos dias e que havia viajado com o senhor Fu-Lang para Shangai. Como ele demorasse a regressar, a família, temendo algo, me procurou. Eu me preparava para tomar conta do caso quando, por acaso, um amigo meu contou-se que estivera em Shangai e soubera da morte estranha de dois comerciantes de nossa cidade. Para lá me dirigi e comecei as investigações. Julgava-se que morreram em lutar pela posse das mercadorias. Mas... e o mudo? Ninguém sabia dele. Levei meses à sua procura, mas afinal o encontrei e agora não tenho mais dúvidas. Já tenho em meu poder grande parte das mercadorias roubadas.

A senhora Hoover se ergueu e, em silêncio, deixou a sala. Momentos depois entregava, com pesar, o colar e as pérolas ao comissário. Ele se desculpou, fez grande reverência à moda oriental e deixou a casa.

No dia seguinte, no hotel, o dr. Wyatt se encontrou novamente com Fung-Tsé. O médico estava satisfeito: seu ciente tivera acentuara melhora, já erguera a mão tentando falar-lhe por gestos, e acreditava, dentro em pouco, vê-lo andando. Mas seu otimismo durou pouco. Quando voltou a visitá-lo, a paralisia era total. O comissário não se perturbou: mandou que agentes policiais o transportassem em *kaoi* à prisão, onde, colocado entre criminosos, recebesse o castigo merecido.

Fung-Tse embarcou de volta da Nanquim, levando consigo boa parte da mercadoria reavida, e a certeza de que realizara um belo trabalho.

Na masmorra em que se encontrava, Hung-Chu era apenas um farrapo humano. Imóvel, lançava olhares de ódio e de revolta quando dele se acercava o guarda incumbido de dar-lhe o alimento. Após alguns dias, sua presença não era mais tolerada; de seu corpo exalava mau cheiro, seus grunhidos eram intoleráveis, e foi transferido para um *kinai* imundo onde, padecendo fome e sede, se desprendeu do mundo físico.

* * *

Seria o fim dos padecimentos?

Não, o pobre espírito de Hung-Chu, saído da matéria muito tempo antes do que fora previsto, passaria agora por tormentos vários. A vingança de suas vítimas lhe seria cruel, tão cruel quanto ele o fora ao lhes tirar a vida.

Atravessaria longos anos tendo por companheiros espíritos maldosos, delinquentes, revoltados; ouviria gritos, lamentações e silvos de répteis, e por leito teria o charco infecto das regiões infernais, até que a Lei Suprema, em Sua infinita misericórdia, lhe concedesse outra oportunidade de voltar à escola terrena em novo aprendizado em busca da redenção do espírito.

3
A deusa decepada

No Espaço infinito brilham luzes, brilham estrelas. A Luz Divina é um foco a iluminar mundos os mais variados. Adjacentes a esses mundos as colônias espirituais se multiplicam. Muitas delas em graus de elevação tão surpreendentes, que ofuscariam com suas luzes, do opalino ao azulado, a quem, familiarizado com os efeitos de outras menos evoluídas, ali pudesse aportar. Nelas, em doce paz e harmonia, entre cânticos sublimes, espíritos bastante purificados se desincumbem da tarefa de assistir as colônias de menor grau evolutivo. Mas em todas elas impera, como lei principal, o amor.

Kelag, após estagiar num templo taoísta adjacente a terras chinesas, e com bela ficha de trabalhos realizados, pôde alcançar uma colônia de melhor categoria.

Habitava agora uma chamada Mosteiro do Bem. Essa colônia, subdividida em setores, abrigava monges desencarnados de crenças e religiões diversas, desde as mais antigas até as hodiernas. Ali, ele desfrutava de paz. Mas, sempre que recordava o passado, sentia certa nostalgia e seu pensamento voltava ao antigo chefe tártaro. Compreendendo a lei do amor, padecia com os sofrimentos do antigo aliado. Acompanhara a vida pregressa de Li-Itsang e a não menos difícil de Hung-Chu. Precisava, sentia necessidade de fazer algo pelo amigo.

Procurou o chefe de sua colônia, o monge Klay, a expôs com clareza o seu desejo.

– Vamos analisar a situação atual de seu protegido e ver o que pode ser feito; se o caso for mais complicado e fora de nossa alçada, encaminharemos o seu pedido a esfera mais alta – respondeu o monge.

Dias se passaram. Kelag orava confiante e sentia no âmago do ser que suas esperanças se concretizariam em breve.

Não foi preciso esperar muito. O monge Klay veio ao seu encontro, trazendo a ficha de Huang-Chu, e foi direto ao assunto:

– Meu caro, o nosso infeliz irmão ainda é muito preso às trevas; nelas se debate desde o despertamento da consciência, infelizmente sempre usando-a para maus fins. Tem grande quantidade de desafetos desencarnados que juram vingança, das mais terríveis. Presentemente está encarcerado por um grupo rebelde e tenta em vão se libertar. Mas, para sua tranquilidade, devo informar: seu pedido foi estudado e os mentores maiores decidiram interná-lo novamente num corpo físico. Porém não voltará à Ásia, onde sempre viveu na delinquência. Sua pátria será a Grécia, país bastante civilizado em comparação à China. Terá ali maior facilidade de adquirir um sentimento religioso e de se desprender de velhas inimizades. Esta será a primeira experiência dele em país europeu, e queira Deus que nossas expectativas não falhem.

– Muito lhe agradeço, monge Klay; sei das vidas pregressas de meu amigo, mas o estimo muito e desejo vê-lo integrado no caminho do bem. Se o senhor permitir, desejava tomar parte ativa nos trabalhos que precedem a reencarnação.

– Kelag, não desconheço o teu interesse, mas convém deixar este caso a entidade mais experientes no assunto. Deves estar lembrado de que nosso irmão é presa de entidades perigosas e nós não dispomos de recursos para vencer todas as investidas tendenciosas.

– Obrigado, monge Klay; eu não havia pensado nisso. Confio no Alto Poder e estou certo de que um dia, na eternidade, serei para meu amigo um bom filho ou um bom pai, estreitando assim, em laços consanguíneos, a afinidade que nos uniu desde o nosso despertar.

* * *

Na colônia espiritual Lar Unido, pouco distante do Mosteiro do Bem, os trabalhos continuavam ativos. Entidades amorosas haviam conseguido isolar Hung-Chu de seus antigos adversários e o cercaram de cuidados especiais. Foi socorrido e tratado com benevolência até que, consciente de si mesmo, pudesse aceitar de bom grado sua volta ao mundo físico.

Às vésperas do acontecimento, Plauto, o diretor do Lar Unido, recebeu Hung-Chu para uma palestra amiga.

O ex-chinês perdera o aspecto triste de quando ali entrara. Sua forma era agora comum, embora ostentasse à sua volta uma cor sombria, que denotava pouco progresso espiritual.

Um tanto irreverente e autoritário, Hung chegou à presença do diretor.

– Informado de que me desejava falar, aqui estou, senhor.

– Muito bem, Hung-Chu, fico satisfeito em ver-te bem e andando com desembaraço. Espero que a boa acolhida que tiveste em nossa comunidade tenha beneficiado o teu íntimo, a ponto de não olvidares, na terra, o momento presente.

Tua última existência terrena foi tão ruinosa quanto as outras. Foste expiar uma falta grave, a de ter arrancado a língua a um criado honesto, e não te conformaste com a situação. Enveredaste para o crime pela posse do ouro fácil. Irás agora para um país diferente, onde o ouro não é tudo. Terás nova oportunidade, dentro da classe privilegiada, para que te afastes das tentações materiais.

Teus pais terrenos te proporcionarão meios de cultura para poderes progredir intelectualmente, e também terão acentuado espírito religioso, para fazerem de ti um homem de bem. Não esqueças, contudo, que a vitória e a derrota estão em tuas próprias mãos. Deus, o Pai, não é um carrasco a punir os filhos por este ou aquele crime. Somos punidos por nós mesmos quando, aceitando convite das trevas, nos deixamos prender pelas seduções do momento. Tuas vidas terrenas têm sido sempre empregadas na luxúria, na vaidade ostensiva, na crueldade, na intemperança e na ociosidade. É tempo de reagires contra a inércia de teu espírito. Usa tuas mãos na sementeira do bem se não quiseres perdê-las muito cedo.

Receberás uma bela oportunidade, a pedido de um teu irmão que muito te quer. Não o decepciones ou voltarás com teus débitos acrescidos, que te farão sofrer no futuro.

– Não creio que algum irmão tenha se interessado por mim; com todos eles privei pouco tempo e sempre houve incompreensão entre nós; acho mesmo que havia malquerença recíproca.

– Não me refiro a irmão consanguíneo; irmãos somos todos nós, seres pensantes, filhos de um único Pai o Senhor do universo. Entre eles há um que, embora tenha se submetido às tuas ordens cruéis, quando envergaste a figura de um chefe tártaro, há muito se modificou, merecendo hoje habitar um pouso tranquilo e operoso. E é esse irmão que pede por ti, quer ver-te feliz e venturoso como ele próprio.

– Bem, comandados eu tive em grande número, e todos me obedeciam cegamente, afinal eu era o chefe, quase um rei. Melhor seria não me lembrar disso; é triste perder o prestígio. Sinto-me na situação de um rei deposto.

– Embora lamentes tua posição atual ainda é bem melhor que a do chefe bárbaro. Um dia verás que o verdadeiro reinado é conquistado à custa de lágrimas e sofrimentos e darás graças por teres passado pelo crivo da expiação terrena. Jesus, o Divino Mestre, desceu ao mundo para aplicar a lei do amor, mas os homens continuam a ignorar essa lei, continuam se destruindo na cega ambição de querer mais e mais. Para eles o reino de Deus não existe, e muitos dos que já se dizem cristãos continuam a adorar deuses, numa idolatria fanática, sem se aperceberem de que do Alto uma Voz os chama, conclamando-os para o serviço do bem.

Só o bem, vivido e praticado, o bem realizado, nos conduz a venturas paradisíacas. Atenta bem, Hung, no que acabo de dizer. Tu viveste entre budistas, taoístas, muçulmanos, mas nunca te chegaste a nenhuma seita, porque todas elas pregam o bem e tu estavas longe de senti-lo. A ti não importava a promessa do Nirvana, tu querias desfrutar de boa vida, mesmo que fosse construída sobre os cadáveres de teus semelhantes.

Hung deu um sorriso irônico e respondeu, querendo pôr fim à entrevista:

– Esforçar-me-ei para segui seus conselhos, mas creio já ter resgatado minha dívida; afinal, fui encarcerado, vergastado impiedosamente, arrastado por charcos imundos e pestilentos, ouvi gritos e lamúrias. Portanto, não preciso sofrer na terra, acho mesmo que mereço uma vida calma e tranquila.

– E a terás, se aprenderes a te conduzir retamente. Ama o teu semelhante, vendo nele sempre um irmão que necessita do teu auxílio, do teu carinho. Sufoca o orgulho e a vaidade, a luxúria e a ambição, e estarás construindo um futuro promissor. Terás nossa assistência se a ela fizeres jus. Também pecamos e também sofremos, mas hoje, pela graça do Pai, desfrutamos de paz em nossos corações. E agora podes ir, meu caro irmão Hung-Chu; que te acompanhe a esperança, que os propósitos de bem viver estejam vivos em teu coração, quando despertares para a vida.

Plauto se conservou meditativo após a retirada do ex-chinês. Depois ergueu-se e foi tratar dos interesses da colônia; deu ordens, supervisionou departamentos, e depois chamou dois auxiliares para que conduzissem o reencarnante ao lar terreno.

* * *

Em Atenas, numa bela casa cheia de colunas dóricas, ricamente mobiliada, Helena, a linda e jovem esposa de Acrísio Pallos, esperava encantada o nascimento do segundo filho. Leda, a primogênita, já completara dois anos e seus pais ansiavam agora pela vinda de um irmão.

Não tiveram que esperar muito para verem concretizados os seus sonhos. No mês de setembro daquele distante ano, Helena deu à luz um menino que recebeu o nome de Zeno.

Acrísio, mais que a esposa, vibrava de felicidade. Todas as horas disponíveis passava junto ao berço. Tecia planos para o futuro homem: seu filho seria um grande médico, poderia mitigar dores e sofrimentos. Ou seria melhor a engenharia, construir prédios colossais que lhe dessem fama? Ou seria um homem de letras, deixando ao mundo livros célebres, como tantos houve no passado da Grécia? Seu pensamento voava aos mestres da filosofia, aos legisladores, aos teatrólogos. Sorria com seus sonhos de pai envaidecido. Helena contemplava pai e filho: ali estavam o futuro homem e o homem feito que, por momentos, não passava de uma criança crescida.

Passaram-se alguns anos, e outros crianças vieram povoar o lar feliz. Zeno crescia numa atmosfera de carinho e afetividade. Inteligente e vivo, aprendeu com facilidade as primeiras letras, deixando o pai orgulhoso e envaidecido. Embora tivesse profundo amor aos outros filhos, Acrísio demonstrava predileção por Zeno, e ele, perspicaz com era, notava e procurava tirar partido, em detrimento dos irmãos.

Uma tarde, Leda, com a promessa de um passeio, estava absorta, enquanto a ama lhe dava os últimos retoques no penteado. Não se apercebeu da presença do irmão que a olhava irritado. Ele se aproximou e em tom agressivo perguntou:

– Leda, por que estás te preparando?

– Ora, por que... Porque vamos passear com papai, não ouviste à mesa a promessa que nos fez?

– *Vamos*, não. Tu és mulher e lugar de mulher é em casa. Ele e eu vamos sós, somos homens.

– Tu, homem? Não és sequer um rapaz e já tens pretensões de adulto? Ora, Zeno, deixa de tolice; sou mais velha que tu e jamais pretendi vantagens. Vamos, Ane, acaba com esse laço, pai está à nossa espera.

A criada terminou o penteado olhou se tudo estava em ordem, enquanto dizia satisfeita: – Estás pronta, Leda; até pareces uma deusa: teus belos olhos ressaltam com esses laços azuis.

Os dois irmãos desceram os poucos degraus que os levavam à sala principal. Acrísio e Helena os aguardavam. Ela olhou os filhos, fez com que se voltassem, ajeitou um pouco mais a fita que prendia os cabelos de Leda, examinou o chapeuzinho do filho e percebeu que ele estava aborrecido.

– Zeno, o que tens? Sentes alguma coisa, meu filho?

Na presença da mãe não ousou dizer o que pensava; contudo, a irmã o fez em seu lugar.

– Mamãe, Zeno está zangado porque não queria que eu saísse, disse-me que lugar de mulher é em casa.

O menino tentou uma desculpa:

– Não foi bem isso, ou melhor, eu queria que Leda não fosse conosco porque vamos ver obras antigas, de pouco interesse para as mulheres.

Foi o pai quem respondeu:

– Eu não disse aonde íamos, mas estou certo de que Leda apreciará, se fizermos o nosso passeio para os lados do Parthenon, o célebre templo de Palas.

Zeno se aquietou e fingiu indiferença, mas no íntimo premeditava se vingar da irmã.

Os três saíram, visitaram templos antigos, estátuas as mais diversas, provocando sua curiosidade infantil. Leda fazia perguntas de um modo inteligente, tudo fazendo para derrotar o irmão que se conservava um tanto arredio. Ao chegarem à estátua de Afrodite, Zeno se interessou. Acrísio teceu comentários sobre os templos de Amathonta, de Paphos e de Cythera, por serem célebres; a seguir falou sobre Chipre, demonstrando perfeito conhecimento do assunto.

Já era à tardinha quando voltaram ao lar. Leda, mais que o irmão, estava encantada com o passeio e visivelmente impressionada com as deusas. Já ouvira comentários do professor e agora gravava na memória muita coisa que aprendera com o pai. Abraçou a mãe e foi ao encontro de Ane, a quem muito queria.

– Ane, eu vi as deusas, mas nenhuma se parece comigo.

A criada riu com o comentário de Leda, enquanto mudava sua roupa.

Ao anoitecer a família estava reunida, exceto os dois filhos menores que já dormiam. Acrísio fez perguntas aos maiores sobre o passeio e ficou entusiasmado com a clareza das respostas. Prometeu levá-los novamente a outros lugares, onde a análise e a observação representassem meios de cultura.

Zeno, resolvido a impedir a todo custo que a irmã os acompanhasse na próxima vez, perguntou em tom sério:

– Papai, as mulheres devem se igualar aos homens?

– Por que fazes essa pergunta, meu filho? Quero crer que te desagradou a companhia de tua irmã; mas estás errado. Leda está ficando moça, gosta das artes e é ávida de conhecimentos. É justo que aprenda, dentro em pouco estará casada e suas atribuições serão outras.

– É isso mesmo, papai. A mulher, em geral, se dedica à casa, aos filhos. Não vejo mamãe a se interessar por outros assuntos e acho que Leda perde tempo. Está certo que se dedique a pintura e à música, mas aprender história antiga não lhe dará proveito.

Leda deu uma risadinha zombeteira e entrou na conversa.

– Tu estás enciumado, Zeno. Creio que fui mais atenta e aprendi um pouco mais. Quando eu me casar, saberei transmitir aos meus filhos os conhecimentos que nossos pais nos deram. Não ignoras que mamãe também frequentou escolas, teve bons mestres e, embora não o demonstre, sabe quase tanto quanto papai.

Helena sorriu e Zeno se aquietou, porém sentia naquele momento profunda aversão à irmã.

Sem que soubessem, ali estava o passado com sua trama de ódio: Leda e Zeno eram Li-Itsang e Ming a se ajustarem na irmandade consanguínea.

Fazendo um sinal à esposa, Acrísio e o filho ficaram a sós.

– Zeno, tu és afetivo com todos os teus irmãos, mas demonstras ter um ressentimento contra tua irmã mais velha. Por vezes, notei teu olhar encolerizado em sua presença; evitas sua companhia e, embora não profiras palavras ofensivas estás sempre discordando de seus gostos, de suas aptidões. Talvez não percebas, meu filho, mas junto de Leda tu és outra pessoa, te tornas, senão agressivo pelo menos solitário e egocêntrico. Por que essa atitude? Sou teu pai e teu amigo e como tal, peço-te franqueza na resposta.

– Papai, eu gosto de Leda, mas às vezes sem que eu possa explicar, sinto dentro de mim qualquer coisa que me enerva, que me irrita e então fico mal-humorado e tenho a impressão de que ela é a culpada. Acho-a pretenciosa e fico em desacordo com seu modo de agir e de pensar. Apenas isso, mas eu a quero como aos outros irmãos.

– Tu não desejavas que ela nos acompanhasse no passeio; querias, somente tu, gozar do privilégio de aprender, e isso é egoísmo, meu filho. Deves combater esse sentimento para que sejas um homem de bem. A cultura é necessária para vencermos na vida material, mas a retidão do caráter, a benevolência e seus atributos é que nos tornam homens dignos e honrados.

Nessa noite, Zeno custou a conciliar o sono. O pai, sempre pronto a atender a seus caprichos, lhe chamara a atenção e ele se sentia humilhado. Virava-se e se revirava na cama, mas a palavra "egoísta" martelava-lhe o cérebro. Teve desejo de sair de casa, fugir, não mais voltar a ver Leda, a culpada de seus dissabores. Pela primeira vez achou que o pai era injusto. Passou a imaginar Leda lavando roupa, cozinhando; isso sim, era serviço de mulher. Como seria bom que se unisse em matrimônio a um pobretão qualquer. Riu, deliciado com o próprio pensamento. As mãos delicadas que dedilhavam a cítara se tornariam calejadas pelos árduos trabalhos. Zeno deu uma estrondosa gargalhada e Ane, de camisolão, entrou no aposento:

– Que foi, meu rapaz? Estás a sonhar? Queres um gole de água?

– Não me aborreças, Ane; dormi e sonhei, aliás foi um sonho maravilhoso. Vai, que não preciso de ti, deves cuidar da tua deusa. Eu sou um homem e não preciso ser vigiado como criança.

Praguejando, Zeno se voltou no leito. Ouviu o ruído da porta que se fechava e amaldiçoou a zelosa serviçal.

No dia seguinte, a atitude do pequeno rapaz foi completamente diferente. Buscou a companhia da irmã, pediu-lhe desculpas, cobriu-a de afagos e mimos. Acrísio respirou aliviado. No íntimo sofrera por haver tomado posição em favor da filha, mas nele sempre predominara o espírito de justiça e agora acreditava ter agido bem. Jamais poderia supor que, sob aparente tranquilidade, Zeno tramava, secretamente, uma bárbara vingança contra a ex-inimiga do passado.

* * *

Alguns anos decorreram. Leda, após as aulas com o padre Mathias, entregara-se à pintura. Já possuía alguns quadros elogiados por entendidos, quando, por sua própria iniciativa, pôs-se a pintar um outro, desta vez no mais absoluto sigilo. Queria surpreender o pai no dia de seu aniversário.

Por vezes, quando todos dormiam, ela ia para seu atelier e, após algumas pinceladas hábeis, punha-se a examinar a obra numa crítica severa. Um retoque a mais e teria concluído o trabalho. Às vésperas do aniversário, Leda exultava; ela própria gostara do quadro e, estava certa, o pai comungaria de seu entusiasmo. Teve ímpetos de mostrá-lo ao irmão para que desse seu parecer, mas não, seria surpresa para ele também que, por vezes, zombara de seu talento artístico.

Dia três de setembro. A casa amanhecera festivamente ornamentada. Leda e Helena, num toque mágico, dispunham as flores em belos jarrões, quando Acrísio deu entrada na sala. Mãe e filha o abraçaram com ternura.

– Mamãe, quero o papai por alguns instantes – disse Leda risonha – Tenho para ele uma pequena surpresa. Venha, papai, quero dar-lhe o meu presente.

Frente ao atelier de pintura Leda tirou a chave que trazia presa ao cinto e abriu a porta. Mandou que o pai fechasse os olhos enquanto retirava o pano que cobria toda a tela.

– Pode abrir os olhos.

Acrísio teve uma exclamação de alegria:

– Filha, onde compraste essa preciosidade? É trabalho de um grande artista.

– Papai, grata pelo elogio, mas veja que a tela está assinada por Leda Pallos.

Ali estava Terpsichore, uma das nove musas, deusa da música e da dança. A donzela, sentada, trazia nas mãos uma lira, a cabeça coroada de grinaldas dava-lhe aspecto majestoso. As feições eram puras e lembravam as de Helena.

– Tua mãe foi a inspiradora? Ela posou para ti?

– Não, mamãe não sabe de nada, ninguém viu este quadro antes. Por vezes, para que ninguém desconfiasse, pintei em horas noturnas e agora me sinto recompensada; seu entusiasmo e seu julgamento valem tudo para mim.

Helena entrou nesse momento e, sem reservas, teceu grandes elogios à filha.

Momentos depois, Acrísio mandou emoldurar a tela; desejava que estivesse colocada no salão de recepções quando os convivas chegassem.

Durante o dia Zeno esteve ansioso; ouvira o comentário dos pais e ardia em curiosidade para ver a tal obra. Por que não pensara também em fazer uma surpresa ao pai? Não sabia pintar, mas escrevia com facilidade e podia ter preparado uma peça oratória. Agora não haveria mais tempo. Não importava, Leda pagaria mais cedo ou mais tarde. Ela o traíra, pensava ele; podia ter lhe mostrado antes e juntos fazerem planos para aquele dia. Se não o fez foi por maldade, para derrotá-lo frente ao genitor. Irado, rancoroso, trancou-se em seus aposentos.

Os primeiros convidados, professores, ministros, magistrados, já haviam chegado, quando Zeno apareceu. Seu olhar foi direto ao quadro, que se sobressaía entre os demais; procurou ignorá-lo enquanto cumprimentava os presentes.

Acrísio o apresentava aos que ainda não o conheciam, quando Leda deu entrada na grande sala. Trazia lindo vestido azul, à moda da Grécia antiga. Joias discretas completavam o belo traje. Saudou os presentes numa leve inclinação, enquanto seu olhar recaía em belo jovem que a fitava sorridente.

Os elogios foram crescentes. Todos comentavam o talento da pintora. Homens e mulheres, velhos e moços, se ergueram pra cumprimentá-la. Acrísio e Helena estavam felizes com o sucesso da filha e não perceberam o riso irônico de Zeno. Cortês, amável com todos, ele não deixava transparecer a amargura e o despeito que o corroíam.

Lauta ceia foi servida; oradores vários usaram da palavra, enaltecendo a figura simpática de Acrísio Pallos, e todos fizeram alusão, alguns de modo discreto, outros com elogios calorosos, ao talento artístico de Leda. O jovem, a quem ela retribuíra o olhar, foi um deles. Tratava-se de Hilário, filho de um grande amigo de Acrísio e que, por vezes, o visitara antes.

Havia nascido um romance entre os jovens, mas somente nesse dia o trocar de olhares foi percebido. E antes que a noite findasse, eles teceram seus primeiros sonhos de amor.

Alguns dias depois, Hilário, acompanhado do pai, voltou à residência da família Pallos.

Sua visita já era esperada. Leda, entre tímida e esperançosa, avisara aos pais e agora sentia-se febril, excitada, mas feliz.

Apenas uma pessoa não se alegrou com o noivado: foi Zeno, e não procurou dissimular seu desagrado.

Acrísio acreditou fossem ciúmes, zelos pela irmã e não lhe

deu muita atenção. Mais tarde reconheceria o erro; não precisava, no momento, fazer-lhe nenhuma advertência. Como estava enganado...

Alegando cansaço, Zeno deu boa noite aos pais antes da hora habitual. Tremia ao entrar no quarto. Dispensou os cuidados do criado, queria ficar a sós. Precisava pensar.

Por vezes se irritara com Leda, pensara em vingança, mas sempre se acovardava. Agora não podia perder tempo, não podia esperar, necessitava de coragem e sangue frio. Leda... Terpsichore... Na verdade o quadro era magnífico, sua irmã tinha mãos divinas; e como eram belas, alvas, acetinadas, dedos longos, que graciosidade ao tomar a cítara e tirar os primeiros acordes... Hilário... bonito, rico, jovem, admirava o belo. Leda seria feliz, continuaria pintando, cultivaria a música. E ele próprio? Não quisera seguir a medicina, achava-a horrível, ter contato com a miséria... Pretendeu a carreira das armas, mas teria que se afastar do lar, do conforto; enveredou para a literatura; e que realizara? Nada. Era um vencido, enquanto sua irmã... o próprio mestre, padre Mathias, a elogiava em sua presença.

Padre Mathias, clérigo hipócrita, nunca dissera ao seu pai como ele era mau aluno. Teve raiva do padre, de sua religião, de seus hábitos modestos.

Qual nada, estava a sonhar; ele, se quisesse, comporia peças oratórias idênticas às dos mestres antigos, ergueria sua voz e seria aclamado, escreveria livros para a posteridade. Teria a fama de um Homero, de um Demóstenes ou de um Licurgo. Riu com suas ideias grandiosas. Estava a filosofar e não era esse o seu desejo. Estava s sós para tratar de seu plano de vingança. Que faria? Não poderia impedir a união matrimonial. Ah, sim, como não lhe ocorrera esse pensamento antes? Zeno sorriu vitorioso, sem perceber que uma horrível sombra negra lhe dera a sugestão e se postara ao lado para, prazerosamente, observar o efeito produzido.

– Sim, farei isso... Leda, sem o braço, jamais tocará cítara, jamais pintará uma Terpsíchore ou qualquer outra das nove musas. Leda – a deusa.

A sombra chegou-se novamente a ele. Riu: – Leda, a deus

decepada. Mas não, não posso. Como ocultar o meu crime? Como conseguir a arma que lhe decepe o braço direito? Sou louco, essa ideia não é viável.

A sombra negra, férrea inimiga do passado distante, sugeriu: "Fácil, muito fácil. Lá em baixo acharás amolada machadinha e depois, que te vale a vida? Ser acusado de fracassado? De vencido, derrotado? Um licor... um pó mortífero e deixarás o mundo de ilusões, indo habitar o paraíso".

Zeno repeliu a ideia; não queria morrer, era jovem, amava a vida; decepcionaria o pai que o tinha na conta de homem honrado.

"E deixarás que tua irmã seja venturosa? Admirada? Dezembro vem aí, falta pouco, o tempo urge. É preferível morrer e gozar delícias do que viver e ser suplantado por uma bela mulher que outra coisa não faz a não ser desprezar-te. Ela é tua irmã, mas é tua inimiga".

Zeno tremia com as "próprias" ideias.

Tentou conciliar o sono, esquecer de tudo, mas já não se dominava. Lentamente e sem fazer ruído, abriu a porta; ainda havia luz na casa. Voltou ao leito.

Demorou, mas adormeceu. Teve sonhos grotescos; via-se na figura esquálida de um animal. Ora era um monstro que gargalhava, ora uma figura humana que se debatia presa a um emaranhado de serpentes repulsivas.

Acordou altas horas da noite. O silêncio era total. Deixou o leito e, na ponta dos pés descalços, penetrou a escuridão. Sem o menor ruído passou pela área que levava à ala dos serviçais. Entrou em pequeno aposento e, às apalpadelas, abriu uma fresta da janela. Tênue raio de luz, projetado pelo luar, aclarou o suficiente para que ele se movimentasse com certo desembaraço. Ali estavam guardados instrumentos de jardinagem e Zeno sabia disso. No auge da excitação, buscava algo que lhe servisse quando tropeçou e, para não cair, agarrou-se a uma tábua presa por correntes; em cima dela, um objeto lhe chamou a atenção. Era um afiado cutelo. Zeno sorriu, para logo em seguida sentir-se amedrontado. Não, não teria coragem, seria monstruoso, afinal Leda era sua irmã. Irmã... mas aos poucos lhe roubava a afeição paterna. Ele já não era o primeiro em tudo. Ela merecia ser punida, seria agora ou nunca. Oh! Se alguém executasse esse trabalho... mas quem? Leda era a rainha da casa, a criadagem lhe dispensava sincera afeição.

Pegou o cutelo e entrou em casa. Deteve-se na porta do quarto da irmã e depois, em passos rápidos, voltou ao leito. Voltou a pensar, a refletir. Não poderia atacar durante o sono, ela gritaria e ele seria descoberto. Precisava forçar um acidente e à luz do dia seria mais fácil. Guardou a arma com cuidado e entregou-se ao sono. Estava cansado e adormeceu de pronto.

Longe dali, entidades amorosas, e entre elas Kelag, sofriam com o desatino do infortunado Zeno. Tentaram e por vezes tinham conseguido apaziguá-lo com a irmã, tiraram-lhe a ideia de vingança, por diversas vezes, mas agora, a própria ira incontida do jovem os colocava a distância, enquanto atraia os perigosos inimigos das trevas.

Kelag, com permissão do Alto Plano, ainda fez uma tentativa, mas foi repelido em seu propósito. Zeno não o ouvia, irritava-se com sua presença invisível e mais se aferrava à ideia preconcebida.

* * *

Zeno acordou tarde e só foi estar com a família à hora do almoço.

– Que tens, filho? Acordaste tarde e estás abatido. Sentes alguma coisa?

– Não, mamãe, estou bem de saúde; é que estive estudando e não percebi as horas passarem. Talvez um pouco fatigado, mas repousarei na parte da tarde.

Finda a refeição, Acrísio foi o primeiro a se retirar; tinha negócios a tratar e não ficou palestrando conforme era seu hábito. Ganhou a rua. Leda e Lydia, sua irmã de 14 anos, se entregaram a trabalhos manuais. Confeccionavam uma rica toalha, toda aberta em rendas, e não queriam perder tempo. Zeno permaneceu na sala por instantes, gracejou com as irmãs, implicou com Lypio, o caçula, e depois voltou ao quarto. Fechou a porta a chave e pôs-se a andar de um lado para outro. Já possuía a arma, mas como usá-la? Teria coragem para tanto? Como preparar um acidente? Convidar os irmãos para uma brincadeira de arremesso e quando chegasse sua vez, acertar em cheio na irmã mais velha? Daria certo? O plano era bom, mas eles se prestariam à brincadeira? Qualquer coisa o impulsionava, quando deixou novamente o aposento. Trazia, sem mistério algum, ostentando mesmo, a arma cortante. Passou pela sala e, rindo para os irmãos, disse orgulhoso:

– Vou fazer exercício, podar alguns galhos que fazem sombra à minha janela; sem sol e luz, eu estava me sentindo abafado. Querem me acompanhar? Veremos qual o mais exímio. Vocês, também, deixem um pouco esse trabalho cansativo e venham se distrair; vou lhes mostrar que sei manejar este instrumento tão bem quanto Leda maneja os pinceis.

– Olha que vais fazer feio com esse desafio, Zeno; tua irmã é uma artista consumada e tu nunca podaste planta alguma – advertiu Helena – Podes experimentar, mas cuidado para não te cortares.

– Tolice, mamãe, sou um homem feito, essa recomendação cabe às crianças.

Saíram todos para o jardim, movidos pela curiosidade, achando graça da ideia repentina de Zeno.

Ele, em golpes certeiros, cortou pequenos galhos de roseira e riu satisfeito.

– Não vejo vantagem, esses galhinhos também eu corto, queres ver? Dá-me esse facão – disse Lypio, resoluto.

– Isto não é facão, menino, mas se queres mais, vou agora cortar, de um só golpe, o grosso galho dessa árvore que faz sombra à minha janela.

Zeno tirou o paletó, os sapatos, e rápido subiu ao tronco; sentou-se triunfante num galho e estava pensando, quando ouviu Leda dizer:

– É impossível cortares de um só golpe, não terás forças suficiente. Experimenta cortar aquele, que é mais fino – e estendeu o braço, mostrando a direção.

Zeno não vacilou: outra oportunidade não apareceria; com força, arremessou o cutelo no braço da irmã. Um grito, sangue a escorrer, gritaria dos irmãos. Zeno saltou ao solo empedrado e feriu o pé. Estava pálido e, naquele momento, sinceramente arrependido.

Helena e criados, com os gritos, acorreram. Leda estava caída, sem sentidos. Foi erguida e carregada para o quarto; o trajeto era todo um rastro de sangue. Helena, sensível como era, desmaiou quando viu o braço da filha mutilado.

– Foi sem querer – dizia Zeno – por Deus, foi sem querer, não sei como aconteceu, que fatalidade. Lágrimas pungentes lhe escorriam pela face.

Lydia, num verdadeiro desespero, acusava:

– Tu és culpado, sim, tu tens inveja de Leda, sempre tiveste; nos tiraste do trabalho para te exibir e para te vingar. Esse maldito instrumento não cairia de tuas mãos, tu o jogaste; tu és mau, tu és perverso, cruel, infame, mísero cão.

– Não, Lydia, não me ofendas, sofro tanto quanto os demais, sofro mais que nossa irmã, minha Leda, minha infeliz irmã. Por que não fiquei estudando? Que força misteriosa me arrastou a essa horrível brincadeira?

Helena, deixada em grande sofá, voltava a si, quando o médico, trazido por Lypio, que saíra a correr, entrava na bela residência. Ao tentar erguer-se, ele a deteve:

– Não, minha senhora, não se levante. Seu filho me pôs a par do ocorrido e seus nervos devem estar abalados. Quero ver a jovem, depois conversaremos.

Helena quis falar, mas a voz não saiu; seguiu o médico com o olhar. Lydia o acompanhou.

Leda continuava sem sentidos, pálida, de uma palidez cadavérica, que demonstrava quanto sangue havia perdido. O médico olhou o braço: a carne dilacerada gotejava sangue, o osso aparecia e também fora atingido.

Dr. Guy, acostumado ao sofrimento, sentiu um visível mal-estar quando proferiu a sentença: – Só a amputação do membro poderá lhe salvar a vida, pobre moça.

Fez um curativo de emergência para estancar o sangue e rabiscou, às pressas, um bilhete para um colega. Entregou-o a Lydia para que despachasse com urgência. Feito isso, ela voltou para junto da irmã.

Meia hora depois, outro médico penetrava na residência. Trazia maleta com material cirúrgico.

– Jovem – disse dr. Guy, deixe-nos a sós; mas antes, vamos precisar de água fervida.

Lydia saiu, voltando um pouco depois. Trazia uma bacia e um jarro a fumegar.

– Bem, filha, agora vai para junto de tua mãe. Ela precisa de ti. Se ouvirem gritos, por Deus, contenham-se.

Helena estava sentada, trêmula, rodeada pelos filhos. As marcas de sangue haviam sido limpas. Não queriam que o chefe da casa as visse ao entrar.

Um grito, outro e outro, depois o silêncio. Horrível e pesado silêncio. A porta continuava fechada; mãe e filhos a olhavam em ansiosa expectativa.

Foi nessa hora que Acrísio entrou, já inteirado da situação por um bom vizinho que saíra à sua procura. O olhar ansioso procurou o da esposa depois correu em direção ao filho. Zeno baixou a cabeça; olhava o pé, agora bastante inchado. Não se atrevia a fitar o pai e tinha-lhe temor, nesse momento.

– Sente aqui, papai, ao lado de mamãe, disse Lydia. E ela trocou de lugar. Ele sentou-se e tomou, entre as suas, as mãos geladas de Helena. Queria falar, fazer perguntas, mas sentia-se inibido, talvez não quisesse ouvir a verdade; apegava-se à esperança de não haver gravidade no ferimento.

A porta se abriu e dr. Guy apareceu. Todos se ergueram e Acrísio avançou para ele. Foi detido com um gesto de mão: – Não ainda, amigo. Entre apenas a mocinha – e a porta se fechou novamente.

Dr. Guy entregou a Lydia a bacia coberta por uma toalha e recomendou: – Filha, tu és forte e corajosa, mas não ergas este pano. Aí está o braço de tua irmã; entrega-o ao criado para que o sepulte. Ela está salva, graças a Deus.

Lydia vacilou por um momento, empalideceu com as palavras do médico, mas apelando para suas forças, decidida, deixou o quarto.

Helena deu um grito compungido:

– Não, não, Lydia, volta – e soluçava sem parar. A moça procurou ignorar os gritos da mãe e se dirigiu para os fundos da casa.

– Que é isso, Helena? Acalma-te, querida.

– Tu não percebes? Ali vai o braço de nossa filha.

A cena foi trágica. Acrísio, não preparado para o impacto da notícia, entrou no quarto da enferma. Leda estava toda coberta. Dr. Guy, seu amigo de muitos anos, o abraçou:

– É a verdade, Acrísio, mas ela está salva; correu risco de morte, mas a competência deste colega, aliada à graça divina, a deixou fora de perigo. Agora sai, por favor; Leda precisa do mais absoluto silêncio.

Acrísio, ao passar pela sala, não viu que a esposa estava inanimada. Foi ao encalço de Lydia, mas ela já entregara a bacia ao criado com ordens para que sumisse com "aquilo". Pai e filha, abatidos, voltaram a ver Helena. O médico lhe dava assistência. Sua respiração, aos poucos, voltava ao normal.

Naquele momento, Zeno, após ter tido remorso da ação vil que praticara, se revoltou intimamente com toda a família. Ninguém dava atenção ao seu pé; podia estar quebrado, doía muito, e todos eram indiferentes.

Os médicos se retiraram, deixando a casa mergulhada em silêncio.

Helena, reanimada, se postou junto à filha. Leda dormia agora um sono calmo, embora soltasse de vez em quando um gemido.

Zeno ia se retirar, mas o pai o deteve.

– Fica, precisamos conversar.

– Papai, tenho o pé ferido, talvez quebrado, sinto dores, e creio que um repouso me faria bem.

– Mais tarde cuidarão de teu pé.

Zeno se assustou; o tom de voz de Acrísio denotava rispidez.

– Tu vais me explicar como aconteceu esse acidente. Digo acidente porque não te julgo capaz de um ato criminoso, embora note que ultimamente vens tendo pela tua irmã mais velha uma verdadeira intolerância e, creio, abrigas em teu coração um sentimento de inveja.

– Não, papai, eu jamais invejaria Leda. Se ela tem seus predicados eu também tenho os meus – respondeu ele de forma arrogante.

– Quero saber como aconteceu esse desastre. Fala e não tentes me enganar.

– Bem, papai, eu havia estudado a manhã toda e, cansado, pretendia fazer algum exercício. Achei que nada melhor do que me dedicar um pouco à jardinagem. Minha janela que dá para o jardim estava ensombrada por alguns ramos e sai para cortá-los. Ao passar pela sala convidei os outros para verem a minha perícia. Mamãe é testemunha, pois ainda me recomendou cautela para eu não me ferir. Dei alguns golpes numa roseira e Lypio me desafiou. Foi então que me surgiu a maldita ideia de cortar de um só golpe o galho atrevido. Leda achou que era impossível e apontou outro, mas eu, no meu orgulho, quis fazer a tentativa e, quando fui golpear com força, o cutelo escapou-me da mão, não sei como, não posso explicar, foi a fatalidade, indo atingir o braço de Leda, que continuava estendido a apontar outro ramo. No mesmo momento ouvi o grito e saltei. O sangue corria, mas nunca poderia imaginar que o acidente fosse tão sério. Tão cruel. Eu estava a me lamentar, quase aos gritos, quando Lydia, no auge do desespero, se pôs a me ofender, taxando-me de culpado, dizendo que fiz de propósito. Não lhe quero mal por isso nem ligo às suas palavras; ela estava, como todos nós, em tal estado de aflição que não media as palavras.

Zeno, percebendo que a atitude do pai ia se modificando à medida que falava, continuou:

– Eu queria ir para meu quarto não pelo meu pé como pretextei, mas para, sozinho, me entregar à minha enorme dor. Eu sei, o senhor, a mamãe, Leda e todos sofrem, mas ninguém tanto quanto eu, que fui o causador da tragédia. Papai, eu queria morrer, a vida não tem mais sentido para mim. Não terei paz vendo a minha irmã sem um braço.

Naquele momento Acrísio sentiu pena do filho. Ajudou-o a erguer-se e o levou para o quarto. Enfaixou-lhe o pé e recomendou que não andasse.

Aquela noite foi toda de vigília. Helena e Acrísio não se afastaram de Leda. Ela teve febre alta, delirou, chamou por Hilário e pelo irmão. No seu quarto, Lydia meditava. Ouvira as explicações que Zeno dera ao pai. Estaria sendo sincero? Ele estaria sofrendo por horrível fatalidade ou por um remorso tardio?

Zeno, por sua vez, não conseguia conciliar o sono. Qual o braço atingido, o direto ou o esquerdo? Francamente não sabia. Leda, a deusa decepada... Estava arrependido? Sim e não. Por momentos sentia dor ao pensar na irmã, tão jovem, tão bonita, um futuro risonho... Depois se regozijava: fora corajoso e a sorte o favorecera. Se ela não estendesse o braço... Lydia o acusara... Teria percebido a verdade, teria visto seu gesto proposital? Não, não teria sido possível. O pai acreditara na sua inocência. Qual seria o braço? O direito? Desejou ir verificar. Loucura, teria tempo. Cerrou os olhos; precisava dormir. Estremeceu... Parecia ver o braço mutilado. "Tu serás descoberto, miserável". Por que esse pensamento me persegue? Levantou-se, o pé começou a doer. Maldição, isto não estava no plano.

Mancando, foi à janela, quis abri-la, deixar que o ar puro penetrasse no aposento. Pareceu ver o braço de Leda pendurado à sua frente. Recuou apavorado. Deitou-se novamente. "Tu serás descoberto, miserável". Sufocado, trêmulo, Zeno sentia as horas se arrastarem lentamente.

Na dependência dos criados, alguém não conseguia também conciliar o sono. Era Joseph, servidor fiel de muitos anos. Vivia naquele momento um drama de consciência. Na noite anterior ele percebera passos junto à sua porta. Temendo algum malfeitor, cautelosamente se pôs à escuta; depois, entreabrindo a janela, reconhecera a figura do jovem amo. Movido pela curiosidade, continuou atento e viu-o voltar, levando um objeto na mão. E agora, na escuridão, seu pensamento voltava à noite anterior: se o rapaz havia procurado, às ocultas, um objeto cortante, é que premeditava um crime. Então não houve acidente algum.

Seria correto ficar calado? Se falasse, seria um delator. O sr. Pallos poderia taxá-lo de mentiroso, mas ele afirmaria na presença do jovem. Seria contestado? Melhor se calar? O culpado ficaria impune. Acidente? Então por que Zeno viera buscar o instrumento alta noite, quando todos dormiam? Estaria pensando em algum desafeto e Deus o castigara fazendo-o ferir a própria irmã? Se falasse, não iria aumentar o sofrimento dos amos? Calando, seria cúmplice de tamanha monstruosidade? Que fazer? Como agir em benefício da própria consciência? Estaria pecando com esses pensamentos? Talvez fosse melhor procurar um padre e confessar seus temores. Sim, faria isso tão logo fosse possível. Mas essa decisão não lhe trouxe o desejado sono. Sentindo que o dia despontava, Joseph se levantou e deu início às suas atividades.

Seriam umas onze horas quando o dr. Guy votou a ver Leda. Continuava com febre mas já não delirava. Estava consciente de seu estado. Respondeu ao bom dia do médico com um sorriso triste. Ele não tocou no ferimento, apenas cuidou do estado geral. Prometendo voltar no dia seguinte, teceu elogios à coragem e fortaleza de ânimo de sua cliente.

Na tarde desse mesmo dia Zeno entrou no quarto pela primeira vez. Empalideceu ao ver o que sobrara do braço da irmã. Fora cortado acima do cotovelo. Procurou reagir contra o mal-estar que sentia. Estava abatido, transfigurado, quando falou:

– Leda, minha boa irmã, busquei forças para vir à tua presença; peço-te, por Deus, que me perdoes. Se não tive culpa por te ferir, tive por haver provocado a lamentável ocorrência. Tu estavas trabalhando e eu, na minha irresponsabilidade, vaidoso de meus atos busquei-te, como aos outros, para espectadores do meu exibicionismo. Não sei aquilatar até onde vai o meu sentimento de culpa; sinto-me arrasado e a morte seria preferível ao tormento que passo.

– Não te aflijas tanto, Zeno. Não te cabe a menor culpa, eu que fui imprudente ao me postar sob os ramos. Não quero que sofras a dor de um remorso que não pode nem deve existir.

Leda, enfraquecida, cansou-se com essas poucas palavras e cerrou os olhos. Quando voltou a abri-los o irmão já se retirara. Esteve por uns momentos a sós com seus pensamentos e suas amarguras. Mas logo um sorriso lhe aflorou aos lábios: estava à sua frente, com um belo ramo de flores, o noivo querido.

– Trouxe-te rosas por saber que as preferes a quaisquer outras. Então, como te sentes?

Leda usou de todas as suas forças para ser natural e para conter as lágrimas.

– Estou bem e agradeço-te tanto as rosas como a visita, porém o meu desejo era não mais te ver.

– Leda!

– Sim, Hilário. Não quero magoar-te, mas devolvo a palavra empenhada. A fatalidade que caiu sobre mim nos separou de modo definitivo.

– Não, Leda. Estás sendo precipitada. Sei como te sentes, mas peço-te compreensão. Não queiras arruinar as nossas vidas, elas se completam. Eu não poderia viver sem ti e, sem falsa modéstia, creio que o mesmo se dá contigo em relação a mim.

– Hilário, eu já esperava essas palavras. Estou segura de teu amor, não duvido de teus sentimentos, sempre nobres. Mas devemos por a razão acima dos conflitos sentimentais. Pensemos no futuro e não no presente. Como estou poderia tentar ser boa esposa, mas jamais conseguiria ser mãe eficiente, e assim sendo prefiro encontrar outro derivativo. Vou me entregar a leituras, os livros me farão companhia nas horas de tédio e nostalgia. E quanto a ti, tens todos os predicados para ser feliz e venturoso. Espero que logo encontres alguém que te faça pulsar o coração, que te ame com intensidade e seja fiel e dedicada companheira.

– Leda, por Deus, tuas palavras me dilaceram o coração. Não quero sair daqui sem a promessa de que poderei voltar a ver-te na condição de futuro esposo.

O olhar de Hilário era ansioso e Leda relutava para se conservar forte na atitude que tomara. Voltando o rosto para o outro lado, disse firme e decidida:

– Não é possível, Hilário. Sinto magoar-te, mas nosso compromisso está desfeito para sempre.

Ele se afastou lentamente e, sem dizer palavra, deixou a casa.

Leda respirou aliviada. Achava que tinha agido bem. Estava triste porém resignada. Sentindo desprezo pela vida, foi dominada por doce entorpecimento. Não percebeu quando os pais, aflitos, a rodeavam, quando o médico, chamado às pressas, entrou, quando lhe foi aplicado sinapismo nos pés.

– Não compreendo – dizia o dr Guy – a razão desta crise.

Sua filha, Acrísio, deve ter tido qualquer emoção violenta, seu estado é desesperador e temo que não sobreviva. Ela estava bem pela manhã, seu organismo reagia tão bem, até a febre estava cedendo.

– Guy, Leda, recebeu hoje a visita do noivo e ele se retirou bastante entristecido; quando viemos saber o motivo, Leda estava dormindo e daí para cá não acordou mais.

– Talvez a presença dele, a sua voz, possa tirá-la desse torpor; é uma tentativa, já que os remédios falharam.

Acrísio saiu às pressas; a noite ia alta e as ruas desertas. Bateu à casa do amigo, uma, duas, três vezes. Um empregado, sonolento, veio atender.

– Dr. Pallos?

– Depressa, chama Hilário, minha filha está morrendo.

Pouco depois, na caminhada de volta, Acrísio soube que Leda rompera o noivado.

– Então é isso; ela não deseja viver. A única esperança está em ti, meu rapaz.

Os dois apressaram os passos.

A expectativa crescia à medida que se aproximavam da bela mansão. Acrísio entrou na frente com a recomendação: – Chama-a pelo nome em voz bem alta.

– Leda, Leda querida! Voltei, Leda! Não posso viver sem ti.

A enferma continuou imóvel. Hilário voltou a chamar mais alto:

– Leda! Leda! Quero que ouças, Leda!

A enferma abriu os olhos, porém não reconheceu ninguém, não deu mostrar de estar ouvindo sequer.

Zeno se encontrava também presente, como todos da casa, e naquele momento, demonstrava verdadeira aflição. Seu olhar cruzara com o de Joseph quando este veio trazer um jarro d'água e pareceu-lhe que o criado o encarara de modo estranho e ameaçador. Joseph o teria visto naquela noite? Seria apenas produto de sua imaginação exaltada? As palavras cruéis lhe martelavam o cérebro: "Tu serás descoberto, miserável".

Zeno quis sair, fugir, mas seus pés estavam chumbados ao solo. "Tu serás descoberto, miserável". Ele, cada vez mais impressionado, foi perdendo o domínio de si mesmo. Para tentar se refazer cerrou os olhos e foi quando todos ouviram o grito rouco e sufocado:

– Não!... Não, chega não aguento mais, eu conto tudo...

Os olhares se voltaram para ele: fisionomia crispada, era todo um ricto de dor e sofrimento. Voltou a falar, mais para a irmã do que para os presentes:

– Tua mão me persegue porque sou culpado. Confesso, mas tira esse fantasma da minha frente, eu não suporto mais, eu enlouqueço!

Dr. Guy se adiantou: – Que tens, meu rapaz? Estás delirando?

– Larga-me. Está tudo acabado, a farsa chegou ao fim. Planejei o crime, busquei o cutelo, altas horas da noite, queria me vingar de Leda, a pintora, a artista, a deusa – gargalhou – A deusa decepada! – Continuou gargalhando e gargalhando tombou ao solo.

Zeno, sem que ninguém percebesse, havia engulido umas pastilhas antes que o médico se aproximasse.

– Está morto – foi o comentário seco do dr. Guy.

– Pobre filho – disseram Helena e Acrísio, quase a uma voz.

Entre tanta tristeza, duas criaturas sorriam: Hilário e Leda, que miraculosamente voltara à vida.

4
O enjeitado

– Não pode ser, não mereço tanta felicidade. Sou um mísero pecador. Deve ser mais uma alucinação das muitas que já tive.

– Não, meu caro irmão, não é alucinação. O teu arrependimento, desta vez, foi sincero, e teus bons propósitos trouxeram-me à tua presença. Vem comigo, temos muito que caminhar.

– Antes, deixa-me beijar-te as mãos generosas e benfazejas.

– Não, Zeno, antes põe os joelhos em terra e agradece ao Pai o momento presente.

Há séculos que tento me aproximar de ti e sou sempre repelido. Hoje, com a graça do Alto, te lembraste do antigo comparsa e me chamaste. Esse apelo partiu de um coração que desponta para o amor. Ao sentires desprezo pelo mal, deste alguns passos a caminho da própria libertação. Quando te alegraste com a felicidade de tua irmã, teus cúmplices se distanciaram; já não eras útil, podias penar e sofrer sozinho. Passaste largos anos curtindo a dor de um remorso. Não podias ser beneficiado porque deixaste a vida antes que o merecido castigo te fosse aplicado. Tiveste bons pais e foste mau filho. Não podias esperar misericórdia, enquanto não demonstrasses mudança íntima, decisão para o bem. Por isso te digo: agradeçamos ao Pai a hora presente.

Ambos, Kelag, o protetor, e Zeno, o protegido, se ajoelharam e contritos elevaram a Deus o pensamento:

– Ó Pai nosso, que estais em toda parte, santificado seja o

vosso Santo Nome, venha a nós o vosso reino, de amor e bondade, e seja feita sempre a vossa vontade, na Terra e no espaço infinito. O pão do corpo e do espírito nos dai hoje e sempre, e perdoai-nos, Senhor, as nossas culpas, os nossos erros deliberados ou não, assim como pedimos forças para sempre perdoar os nossos agressores em palavras, atos ou pensamentos. Não nos deixeis, Senhor, voltar a cair em tentações e livrai-nos de todos os males do espírito. Assim seja.

Zeno, em poucos momentos, se havia modificado: de alquebrado, passou a um porte ereto e firme; da cor castanho-escura, chegando quase ao marrom, tornou-se claro, e seu olhar, de amarga aflição, passou a ser de confiança.

Erguendo-se ambos, puseram-se em marcha, a princípio lenta, depois um pouco acelerada e, ao anoitecer, entraram no Mosteiro do Bem.

Zeno se surpreendeu ao ver tantos espíritos usando vestes eclesiásticas e, antes que perguntasse, Kelag satisfez sua natural curiosidade:

– Aqui temos irmãos de diversas ordens e cultos, mas, como são irmanados nos mesmos sentimentos, usam a mesma roupagem como um símbolo de união. Eu também as usei, enquanto aqui fui efetivo.

– Quer dizer que não pertences mais a esta colônia?

– Há pouco mais de um ano fui transferido para o Lar Unido, lembras-te? Lá foste recebido antes de viveres na Grécia.

– Não, não me recordo, infelizmente.

– É que ainda estás convalescente de uma vida deprimente e teu pensamento se volta mais ao lugar em que viveste. Mais tarde terás recordações passadas. Vamos permanecer aqui esta noite e amanhã atingiremos o nosso destino.

Um monge se lhes apresentou, deu boas vindas e disse qualquer coisa a Kelag em um idioma desconhecido de Zeno.

– Oh! Ele está bem. A solidão dos últimos vinte anos foi-lhe mais benéfica que a zona purgatorial – respondeu Kelag no mais perfeito grego. Com a disposição que sente, em breve começará sua via-crucis no mundo terreno em busca de alforria espiritual.

Zeno olhou o monge com humildade sorriu e acrescentou:

– Sim, preciso me libertar do passado e nada melhor, para começar, do que seguir os conselhos de meu velho amigo. Estou pronto e decidido a enfrentar os sofrimentos que, bem aceitos, me darão futuramente crédito para habitar um lugar como este.

– Ótimo, amigo – disse o monge – Estás melhor do que julgávamos. Tua transformação não nos surpreende: já passamos por essa fase e, possuídos de vontade firme, conseguimos vencer. O mesmo se dará contigo; conserva tua decisão, trabalha no bem geral e estarás recuperando o enorme tempo perdido. Espalha o bem, semeia o amor e terás paz e tranquilidade a substituir o peso que carregas na consciência.

Zeno, sentindo vergonha de si próprio, baixou os olhos e quase num murmúrio agradeceu as palavras enérgicas, porém benfazejas, que acabava de ouvir.

No dia seguinte, após despedirem-se do Mosteiro do Bem, Kelag e seu protegido partiram a caminho do Lar Unido.

Após meia hora de marcha, a estrada foi se tornando diferente, mais clara, e abundante vegetação de um verde claro aparecia aqui e ali.

– Estamos livres de todos os perigos que a zona trevosa impõe. Aqui perto há um riacho onde mitigarás a sede.

Zeno sorriu; na verdade ansiava por uns goles d'água, porém não dera conhecimento disso ao companheiro e ele o sentira pelos dons do espírito. Ele também seria bom, esforçar-se-ia para atingir aquele grau de espiritualidade e um dia poderia amparar, proteger, servir...

– Belos pensamentos, meu caro, mas, posso te afirmar: a sua concretização depende exclusivamente de ti mesmo, assim como depende de ti o tempo que levarás para vê-los realizados.

– Sempre fiz para comigo mesmo toda sorte de juramentos: de vingança, de desforra, de vindita, de lucros indevidos, enfim uma série deles, e os cumpri fielmente, para minha desdita. Pois bem: faço agora mais um e espero que não seja o último no propósito do bem. Juro, meu caro Kelag, que não voltarei a transgredir as leis do amor, que serei submisso à vontade do Senhor hoje e sempre.

– Zeno, tuas palavras me alegram o coração. Juntos praticamos vilanias, juntos sofremos as merecidas consequências; depois nos apartamos e trilhas diferentes. Eu te chamava e não me ouvias, te acenava e não atendias; agora deu-se o reencontro; sejamos unidos no bem como outrora o fomos na Tartária, na prática de toda sorte de iniquidades.

O regato estava à vista. Zeno abaixou-se enquanto o companheiro orava numa prece muda, dando graças aos Céus pelo êxito da jornada que se propusera.

– Deus! Parece que esta água é miraculosa; não sinto mais a opressão que me sufocava.

– Toda água opera milagres, meu caro, quando abrigamos em nosso âmago a riqueza de sentimentos. Mas vamos seguir; dentro em pouco atingiremos nosso destino.

Ao atravessarem o grande portão, Zeno soltou uma exclamação:

– Sim, agora me lembro de ter estado aqui, na qualidade de enfermo, mas está tudo mudado. Antes não havia esta riqueza de cores, não havia cantos de pássaros, não havia tanta beleza.

– Zeno, hoje tu entras como um regenerado e, por isso, tens a faculdade de perceber as coisas como elas são. Nada mudou aqui, foste tu quem mudou. Hoje vês com os olhos do espírito; é bom que isso aconteça para que possas aquilatar a diferença que existe entre o bem e o mal, entre o amor e o ódio.

Nesse momento, um velho sorridente veio cumprimentá-los. Kelag deixou-os a sós e se encaminhou para a sala de trabalho de Plauto, o diretor do Lar Unido.

– Belo trabalho, companheiro, tua tenacidade não foi em vão. Sem me fazer presente, acompanhei a tua viagem de volta e ouvi os diálogos travados. Nosso irmão Zeno nem sequer faz lembrar o mísero que partiu daqui há algum tempo, revoltado e indócil.

– Sinto-me feliz com tuas palavras, Plauto, mas nenhum mérito me cabe. O meu protegido reagiu por si mesmo à custa de pesados sofrimentos que enfrentou após o desencarne voluntário.

– Foi pena que tivesse perdido mais uma existência terrena; terá agora dolorosa expiação, mas creio que vencerá.

Leve pancada na porta e Plauto se ergueu:

– Eu disse a Pedro que conduzisse o nosso protegido à sala de revisão; tenho uns quadros a mostrar, e tua presença, Kelag, se faz necessária. Vamos.

Os três atravessaram um longo corredor e entraram na última porta à direita. Zeno, em uma janela, contemplava a natureza maravilhosa que dali se descortinava. Ao ouvir pisadas voltou-se, e teve um sorriso tímido ao reconhecer o diretor.

Plauto estendeu-lhe a mão, deixando-o mais a vontade para falar.

– Senhor, sinto-me na qualidade de réu que enfrenta a justiça. Não mereço estar no céu após ter criado, para mim próprio, e para a família terrena, um inferno de crueldade e vingança, de injúrias e inveja, de despeito e intolerância. Não dei ouvidos à sua palavra sábia de advertência, quando daqui parti para a vida física. O meu sentimento de culpa, neste retiro amoroso, se multiplica; que fazer, senhor, para merecer o seu perdão?

– Zeno, tuas palavras dizem da tua regeneração; teu arrependimento é sincero e tua mágoa por haver trilhado a estrada do crime é real; contudo, não é a mim que deves pedir perdão. Sou apenas um dos muito emissários de nosso Pai e minha autoridade se restringe aos menos evoluídos. Mas para teu sossego, posso afirmar: já foste perdoado e por isso estás entre nós, amigos e irmãos de boa vontade. Deves agora ter em mente que a ti cabe executar as tarefas que te ponham quite com a Lei.

– Outro não é o meu desejo, senhor diretor.

– Chama-me de Plauto. O tratamento cerimonioso fica muito bem na face da terra, onde os homens, por ostensiva vaidade, fazem questão de títulos e honrarias. Aqui vivemos em comunidade fraterna, todos em busca da perfeição gradativa que nos eleva ao Criador do universo. Enquanto uns se imobilizam na inércia, outros caminham lentamente e outros ainda aceleram sua marcha para, em menor tempo, conseguir seus objetivos. Neste último caso, Zeno, temos aqui dois exemplos: Kelag e Pedro. Foi por isso que os reuni nesta sala onde dispomos de aparelhamento que nos leva ao passado, próximo ou remoto. Não desejo humilhar-te e sim provar que a nossa alforria espiritual depende exclusivamente de nós mesmo, de nossa boa vontade de nossa firmeza, de nossa tenacidade. Voltemos ao passado longínquo.

Plauto ligou uma chave, e na parede em frente, enorme tela se iluminou e começaram a aparecer as primeiras cenas. Grande número de cavaleiros se aprestava para uma batalha; as vestes e as armas eram antigas. Entre eles, um sobressaía, pelo porte pela roupa e pelo ar sinistro: era o chefe tártaro, o célebre Hunan, feroz e cruel até mesmo com seus súditos. Logo em seguida dois subchefes se aproximam de Hunan para receber ordens: são eles Kelag e Ivoi. Plauto move outra chave e os três presentes se reconhecem naquelas figuras sinistras. Hunan tem agora a fisionomia de Zeno enquanto Kelag a dele naquela época e Ivoi, a de Pedro.

Hunan ergue a lança com o brado: – Avante! Saquear e matar! Os cavaleiros arrancam em disparada; os três vão à frente. Aproximam-se de pequena aldeia. Morte e destruição. Seguem até perto de um desfiladeiro. O grupo se divide: são duas cidades a serem tomadas.

Hunan encontra resistência; começa a batalha encarniçada, sangue e gritos, pavor e confusão, corpos estirados e pisadas; a luta é dura mas ele sai vencedor. Novamente os três cavalgam juntos em gargalhadas sinistras.

Encontram um templo dos deuses e o arrasam. Pilham ouro e pedrarias e já deixavam a cidade quando veem uma jovem a correr. Alcançam-na com propósitos indignos. A moça luta desesperadamente e Kelag dá o grito: "Cega-a, Hunan, e ela se amansará". O chefe ri deleitado com a lembrança do súdito e, com requintes de perversidade, perfura os belos olhos azuis. A moça grita desesperadamente e leva as mãos aos órgãos atingidos.

Plauto desliga a chave e seu manso olhar recai sobre aqueles três espíritos. Todos têm lágrimas nos olhos. Comenta:

– Agora sabes, Kelag, porque tanto te interessas por nosso irmão; há centenas de anos lutas por ele e afinal conseguiste o teu intento. Vejamos como tu e Pedro entraram no bom caminho.

Outra chave ligada, a iluminação da tela e as cenas aparecem nítidas. Três meninos brincam defronte a uma casa tosca; os dois maiores são irmãos e outro apenas um vizinho. O mais velho, com um galho na mão, fustiga as perninhas dos companheiros, apressando-os a subir num cercado, e por fim ele também sobe. Comanda: – Saltar! E os três, a um só tempo, pulam ao solo. Um grito: o maior, fisionomia que faz reconhecer Kelag, sem saber como, bateu o rosto em ramos secos e teve a vista direita atingida. Seu irmão, assustado, corre a pedir socorro; era Pedro e o menor, que tinha agora a fisionomia de Zeno, ri a bom rir, gozando o infortúnio do amigo.

Crescem inimigos. A existência dos irmãos foi entre misérias e sofrimentos e aceitaram-na com paciência e resignação. O outro, vida mais farta, por ter realizado negócios escusos, frequentemente se embriagava e discutia com todos os moradores da povoação. Passou a ser malquisto e uma noite foi atingido, a golpes de faca, por um dos inúmeros desafetos. Sem poder se mexer, gemia alto à beira de uma estrada, próximo à taverna.

Os dois irmãos, residentes numa palhoça ali perto, ouviram os gemidos e saíram a prestar socorro. Naquele momento olvidaram o passado, a inimizade; recolheram o enfermo, tratando todos os ferimentos. Não receberam uma palavra de agradecimento, um gesto de gratidão. Ficou bom e partiu.

Desencarnaram, com pouca diferença uns dos outros. Os que foram irmãos, Kelag e Pedro, redimidos da vida anterior, e o infeliz Zeno com sua dívida aumentada.

A chave ligada, as cenas se sucedem. Kelag volta ao mundo físico na figura de um monge amoroso e Pedro como devotado curandeiro enquanto Zeno, em espírito, padece os tormentos nas regiões abismais das trevas. Vem depois o tempo em que, na China, viveu a figura de Li-Itsang. É morto por Ming, que fora a jovem a quem cegou. Depois, enquanto os dois primeiros desfrutavam de paz, vivendo em espírito no Mosteiro do Bem, Zeno desceu à terra como Hung-Chu, em expiação de seus crimes anteriores. Novamente se onera com as leis divinas, rouba, mata, para desfrutar dos ilusórios bens mundanos. Desencarnado em cela infecta de uma prisão, colhe, no Espaço, a sua própria semeadura. As preces elevadas, o pedido intercessório de seus ex-cúmplices, principalmente de Kelag, o fazem ser recebido no Lar Unido.

Plauto desligou todas as chaves que comandavam a tela e convidando seus irmãos, todos se sentaram para continuar a exposição dos fatos.

– Bem vês, Zeno, que foi tua própria conduta e tua irresponsabilidade que te perderam. Deverás voltas à terra expiando tuas faltas para que sejas credenciado a uma vida melhor.

– É isso que me convém, e se meu pedido puder ser aceito, desejaria viver como cego, pagando, talvez, a dívida mais pesada.

– Não, Zeno, desta vez precisarás de tua visão. Como sempre cultivaste o egoísmo, necessitarás da solidariedade humana; terás que aceitar a condição de filho enjeitado. E não é só isso: serás uma bela criança, porém descerás ao mundo com a falta do braço direito. Teus pais, horrorizados, te levarão para um lugar ermo e aí serás encontrado. Se teus bons propósitos continuarem latentes em teu espírito, serás grato à família que te acolher e, com um só braço, poderás realizar trabalhos dignificantes. Esse programa foi enviado pelos nossos superiores que observaram atentamente as tuas boas disposições. Que te parece?

– Magnífico, caro Plauto, e agradeço o que vi há pouco; as vidas últimas de Kelag e Pedro serão o meu incentivo no propósito de bem servir. Espero que esse momento não tarde; preciso recuperar o tempo perdido.

– Não vai tardar; teus pais estão prontos a receber-te. Eles já possuem duas filhas e anseiam por ter um filho homem; tu irás como tal, dando-lhes tremenda decepção, a ponto de seres renegado. Vivem em Roma, no bairro mais aristocrático. Até o teu ingresso na carne ficarás aqui, familiarizando-te com as tarefas que te cabe realizar. Terás esclarecimentos onde houver dúvidas, incentivo onde houver esmorecimento. Ajudarás nas tarefas de auxílio e, se tudo for desempenhado a contento, terá uma surpresa bastante agradável antes de nos deixares.

A boa vontade de Zeno em servir fez com que ficasse à altura de enfrentar dificuldades variadas sem necessitar de auxílio. Aqui era uma palavra de amor, ali um infeliz revoltado que precisava ser tratado com energia e paciência bem dosadas, mais além um socorro de emergência. Nas horas de folga procurava a companhia de Kelag, ávido de novos conhecimentos sobre a vida espiritual.

Decorreram meses e Plauto o fez vir à sua presença.

– Zeno, chamei-te porque a hora se aproxima: daqui a três dias partirás para a terra. Esse prazo que te resta, poderá ser empregado a teu bel-prazer; poderás fazer visitas, ir à biblioteca, enfermarias, colher informes, o que desejares. Hoje terás também a surpresa que há meses prometi. O nosso bom Kelag em breve estará aqui com uma visita. Procura controlar tuas emoções que, quando violentas, são sempre prejudiciais.

Zeno estava calmo e sereno quando ouviu a voz do protetor:

– Posso entrar?

– Sê bem-vindo, seja bem-vinda a nossa prezada irmã – disse Plauto com um sorriso de satisfação.

Zeno ergueu-se, não ocultando a emoção: à sua frente, bela e radiosa, estava Leda.

Ela estendeu-lhe os braços:

– Meu irmão, meu querido Zeno, como estás belo! E que alegria para o meu coração ver-te com as vestes dos regenerados.

– Leda, já tens os dois braços! Graças, meu Deus! Graças, meu Senhor! Como és boa, irmã querida; eu não mereço o teu afeto. Agora sei que te persigo há centenas de anos, mas aqui estou a te pedir perdão.

– Oh, Zeno, eu também preciso ser perdoada, também fui criminosa e mereci o castigo. Após a morte do teu corpo, refleti bastante e achei que a maior culpa me cabia. Tu agiste daquele modo porque eu fazia questão de salientar-se frente a papai. No fundo, eu sentia desprezo por ti e fingia querer-te; tu foste mais sincero.

Depois, logo depois, faltou-nos mamãe. Uni-me a Hilário, mas não me sentia feliz, minha sensação de culpa era crescente, até que uma noite sonhei contigo e tu rias para mim. Encontrei a paz nessa noite. Os anos passaram, papai se juntou a mamãe, nossos irmãos constituíram seus lares, eu vi o meu enriquecido por três filhinhos adorados. Tudo corria bem; depois, ao nascer o quarto filho, sem saber como, achei-me noutra vida. Vi meu marido chorar a minha ausência enquanto eu lhe afirmava que estava presente, meus filhinhos achavam falta de mim e eu não compreendia por quê. Eu lhes falava e ninguém ouvia. Uma noite fiquei mais atenta, não fui ver a mamadeira, como habitualmente fazia; me postei no quarto, firme, para descobrir o mistério que nos cercava. Ouvi a voz de Hilário dirigida aos três maiores: "Vamos rezar pela mamãe que está no céu". E começou a recitar o pai-nosso. Então era isso, eles pensavam que eu havia morrido. Quando quis gritar que era mentira, que eu estava viva, ali, junto deles, dois braços vigorosos me arrebataram e adormeci.

Acordei com o bondoso Kelag ao meu lado. Ele, aos poucos, me fez compreender a verdade. Falou-me de nossos pais e de ti, esclareceu-me o espírito conturbado e muito me auxiliou a me integrar na vida do espírito imortal. Sempre que me avistava tinha uma palavra a teu respeito, contudo guardou sigilo sobre tua nova condição. Foi uma surpresa bem preparada. Sei que sofreste por muito tempo e agora bendigo esse sofrimento; tu estás belo, meu irmão!

– Leda, neste momento é que nos tornamos irmãos O laço consanguíneo foi apenas um pretexto para atingirmos esta compreensão. Terminam aqui as nossas desavenças e recriminações passadas. Há paz em nossos corações. Peçamos a Deus que esta santa paz desça sobre todos os viventes encarnados e desencarnados.

Os dois irmãos se ajoelharam. Um só pensamento os unia num misto de fé e gratidão.

* * *

Leda teve permissão de assistir à despedida do irmão que se daria no outro dia. Enquanto aguardavam, passaram pelos diversos departamentos do Lar, depois pelos jardins e arredores numa palestra amena e animada.

No dia e hora aprazados, houve uma reunião. Plauto trajava a túnica branca dos momentos solenes. Kelag e Pedro, ao seu lado, tinham no olhar um brilho de satisfação. Diversas entidades que convalesciam naquela casa já haviam ocupados seus lugares, quando suave melodia se fez ouvir e uma cortina correu. Ali estava Zeno, pálido e um pouco trêmulo; ao seu lado estava Leda, serena e confiante.

O diretor, em voz clara e firme, começou a saudação de despedida:

– Irmãos, paz e amor. Nem sempre a partida de nossos tutelados é precedida de honrarias. Muitos partem levando apenas as nossas preces, já que as palavras pouco representam, quando ouvidas com desatenção. Nesse caso figuram os desajustados que mergulham na vida física apenas com o objetivo de olvido temporário de seus próprios delitos.

O nosso irmão homenageado de hoje já se enquadrou nesse caso. Felizmente, para ele e para nós que dirigimos esta casa, desta vez merece atenção, carinho e estímulo. Após viver na terra e agravar a própria situação, saindo dela pelas portas do suicídio, errou pelo Espaço trevoso, sofreu tormentos os mais dantescos, padeceu ultrajes e maquinações perversas, gritou, blasfemou, chorou; implorou enfim a misericórdia divina. E a teve no tempo exato quando, pelo arrependimento sincero, reconheceu a própria culpa e pediu ao Pai que o perdoasse e lhe desse outra oportunidade.

Nesse momento, embalado por sentimentos nobres, começou a sua regeneração. Teve pensamentos de amor e tolerância para com os algozes que já haviam debandado. Era um encarcerado e se viu livre, um surdo e pôde ouvir a voz que o buscava, um cego e conseguiu ver quando o irmão socorrista o tocou. Daí para cá, outra não tem sido a sua atitude. E agora, aportará novamente na terra, sofrerá humilhações e desencantos, a tudo resistindo, porque a fé o acompanhará, o amor iluminará seus dias sombrios.

Zeno, a ti me dirijo neste momento não como o superior na hierarquia espiritual, mas como o pai que abençoa o filho quando este parte para a guerra. Tu a enfrentarás. Batalharás em favor do bem, lutarás contra as ervas daninhas que conspurcam consciências, lutarás contra a ingratidão, o egoísmo, a inveja, a cobiça, a crueldade, em todas as formas; sofrerás decepções, amarguras e revezes, e a tudo suportarás com a palma da vitória. Filho meu, não te deixes envolver pelas efêmeras ilusões terrenas, não permitas que o vil sentimento de vingança penetre a tua alma, anulando teus primeiros esforços. Sê digno da confiança que em ti depositamos, sê digno da confiança de nosso Pai que permitiu tua volta à carne, na difícil jornada de expiação. Partes levando contigo a certeza de não estares só nos momentos difíceis; o nosso pensamento de amor te acompanhará pela vida afora. Nossa vibração de simpatia e de incentivo te cercará em todos os momentos. Nada há a temer: o firme propósito de servir em nome do Pai, de saldar contas antigas, de regressar ao nosso convívio trajando a túnica dos vencedores servirá de alento na hora precisa.

Elevemos todos nós o pensamento ao Criador do universo, rendamos graças pelo muito que temos alcançado, peçamos a Ele que derrame suas bênçãos sobre todos os espíritos, encarnados e desencarnados, sobre os bons para que se tornem melhores, sobre os maus para que entrem no bom caminho.

Todos os olhares convergiram para o alto. Para admiração de muitos, não afeitos a esse gênero de luminosidade, um jorro de luz apareceu e, acentuando-se cada vez mais, produziu diversas nuances de cores; dir-se-ia uma chuva de estrelas multicoloridas.

Zeno lentamente se encaminhou em direção ao diretor, estendeu-lhe a mão e não pôde dizer nada. Contemplou embevecido e emocionado as luzes que o Poder Divino espalhava em profusão.

Dobrou os joelhos e, nessa postura contrita, adormeceu. Só voltaria a acordar no lar terreno, na distante cidade de Roma.

* * *

Margarida abriu os olhos e sorriu.

– Creio, querido, que não passa de hoje. Acho bom que providencies a vinda da velha Ana. Os sintomas são evidentes e já sinto algumas dores.

Giusepe se vestiu às pressas e saiu. Margarida ajeitou-se no leito e procurou dormir. Aos poucos as dores foram aumentando e não conseguiu conciliar o sono. Já se impacientava quando o marido regressou.

– E Ana? Onde está Ana? Não veio? – perguntou ansiosa.

– Sim, deixei-a fazendo os preparativos necessários; dentro em pouco estará aqui. Como te sentes?

– Como das outras vezes, e já fico a imaginar que poderá ser outra menina.

– Bem, logo saberemos. Eu por mim continuo animado, esperando o herdeiro do nosso nome.

Ana entrou no quarto, como sempre sorridente, feliz, vendendo saúde. Saudou a cliente enquanto colocava a maleta no toucador.

Após o exame, concluiu:

– Hum, é para já.

Massageou o ventre materno com verdadeira perícia. Margarida gemia discretamente.

– Não tenha receio, senhora, tudo correrá bem; poupe suas forças para a hora final. Mais um pouco de paciência, não se contraia, senhora. Isso, assim!

Alguns minutos mais e Margarida soltou um gemido mais alto.

– Agora, ajude, senhora, com toda a força que puder. Vamos, mais, mais...

Um grito da mãe e o choro alto do filho.

Giusepe voltou-se rapidamente e ficou paralisado. Ana sustinha nas mãos a criança; era o tão desejado menino, mas lhe faltava um bracinho. Os olhares, da parteira e do pai, se encontraram e ambos deram graças por Margarida estar exangue e nada perceber.

Ana vestiu o recém-nascido com lágrimas nos olhos. Não sabia se a piedade era para a criança ou para os pais. Vira o olhar do senhor Giusepe, uma profunda dor. E dona Margarida, como se comportaria? Como dizer-lhe antes que visse o pequerrucho? Com tais pensamentos ela deu o último toque, atando o lacinho que fechava a camisola. Envolveu-o em linda manta branca com franjas douradas e o colocou no berço.

Margarida, recomposta, dormia; sabia que recebera a graça pedida, seu filho era um homem e isso lhe bastava.

Giusepe se encaminhou para uma saleta contígua ao dormitório do casal, e fez sinal a Ana para que o seguisse.

– Senhor, eu sinto bastante; o menino é forte e bonito, mas Deus assim o quis.

– Deus! Deus! Não me fale nesse Deus cruel! E eu que cheguei a acreditar na sua bondade. Ele não passa de um ente falso e tendencioso, se é que existe. Agora á chego a duvidar de tudo quanto me ensinaram em matéria de religião. São todos uns mentirosos, os padres, os devotos, todos.

– Senhor, não fale assim, não se revolte, procure antes pensar que seu filhinho necessita mais de seu carinho, de sua dedicação do que as meninas que lhe são tão caras. Não seria mais angustiante se, após esperar tanto tempo, ele tivesse morrido? Não seria mais triste e mais penoso?

– Para com essas considerações tolas, Ana. Eu, por mim, prefiro vê-lo morto e Margarida dificilmente se conformará. Estava pensando, minha boa Ana, tu podias nos livrar dessa angústia.

– Não vejo como, senhor Giusepe.

– É fácil e tu serás regiamente paga – direi mesmo, dar-te-ei o que pedires.

Ana arregalou os olhos. Sonhava havia muito com uma casa e ali estava a oportunidade; sim, ajudaria dentro de suas possibilidades. Já curiosa, indagou:

– Mas como ajudá-lo, senhor, se sou uma pobre criatura que vivo do meu trabalho?

– Aí é que está a possibilidade, Ana. É raro o dia em que não tens um parto a fazer e não te seria difícil, se nesses poucos dias nascesse outro menino sob teus cuidados. Tu, com habilidade trocarias as crianças, antes que Margarida se inteirasse da verdade.

O olhar de Ana, olhar severo, não perturbou o rico senhor, e ele continuou:

– Ana, tu ficarás rica e ninguém saberá; o segredo será nosso e o levaremos para o túmulo.

– Basta, senhor Giusepe; todo o seu dinheiro não será suficiente para comprar a minha consciência. O senhor é desumano; além de pecador, é egoísta e desalmado. Pensa apenas em si e em sua esposa, não lhe importando que outros pais sofram um castigo que não mereceram. Deus, que o senhor despreza, lhe enviou um aleijado para quebrar seu orgulho.

– Chega, mulher infame, não estou aqui para ouvir tuas censuras. O filho é meu e faço dele o que bem quiser.

Ana arrumou seus pertences e deixou a casa. Estava feliz e tranquila, a paz reinava em seu coração.

Giusepe voltou ao quarto. Margarida dormia ainda. Sentou-se ao seu lado e alisou-lhe os cabelos. Naquela postura, via o pequenino no berço. Sentia um misto de compaixão e revolta. Desejara tanto um herdeiro para seu nome, mas queria um herdeiro perfeito, forte e resoluto, e ali estava o quê? Um infeliz aleijado que só lhe daria trabalho e pesar. Decididamente não poderia amar tal criatura; seria melhor que morresse, mais tarde outro viria ocupar seu lugar. E Margarida? Como dizer-lhe, antes que o visse com os próprios olhos? Estava tentado a retirar a criança do berço e leva-la dali para longe, quando a esposa acordou.

– Querido, estás ao meu lado como sempre. Quanta felicidade! Logo que Ana me informou ser o desejado menino, adormeci, inebriada de contentamento. Agora quero vê-lo, dar-lhe o primeiro beijo com muito carinho e amor.

Giusepe tomou as mãos da esposa e ia falar, quando ela chamou:

– Ana, Ana, traga o menino.

– Margarida, minha querida, ouve, Ana está ausente, ela...

– Que tens? Tua voz está trêmula, há lágrimas em teus olhos... Nosso filho não está bem? Fala, por Deus, o que aconteceu?

– Querida, preciso dizer-te a verdade, por mais dolorosa que seja: nossa felicidade não foi completa. Nasceu o menino que tanto desejávamos, mas ele tem pequeno defeito, não é perfeito como nossas filhas.

– Como? Não é perfeito? Que tem ele? Por acaso um pezinho torto ou coisa semelhante? Quero vê-lo, quero vê-lo agora, retira-o tu mesmo do berço!

Giusepe se levantou, pegou a criança que dormia e, antes de entregá-lo, advertiu:

– Seria melhor que não o visses ainda... falta-lhe um... um...

– Um membro? Oh, não, por Deus, não é possível, seria um castigo!

– Sim, Margarida, é isso. Nosso filho, apesar de bonito, não tem um bracinho. Eu quis te poupar desse desgosto, pensei mesmo em dá-lo e te fazer crer que havia morrido logo após o primeiro vagido.

– Talvez tivesse sido melhor. Sofreria muito, bem sei, mas agora o sofrimento será para sempre. Ele também, ao crescer, vendo as irmãs perfeitas, sentir-se-á humilhado e terá forças para lutar contra a adversidade? Não será tentado a desertar da vida? Os pobres, deserdados da fortuna, sempre são dotados de maior resignação... E eu que tanto pedi a Deus que me desse um filho homem... Parece um castigo por não querer outra menina. Elas ficarão tristes...

Giusepe estava parado próximo ao leito, sustentando o pequeno, meio sem jeito.

– Margarida, talvez fosse melhor para ele e para nós também, principalmente por causa das meninas, que o déssemos agora.

– Meu filhinho quem o vai querer, se nós, que somos seus pais, sangue de seu sangue, o enjeitamos? Ó Deus, por que não tiveste piedade de nós? Que mal fizemos para sermos tão severamente castigados? Teríamos pecado por orgulho e vaidade de nossa riqueza? Eu queria ser pobre e ter um filho perfeito; talvez, se me fosse dado escolher neste momento, preferiria a condição modesta de Ana, ou de outra qualquer serviçal; agora reconheço que o ouro não é tudo.

E após uma pausa: – Quero vê-lo.

Margarida estendeu os braços na direção do marido. Desdobrou a manta que abrigava o menino e teve apenas uma exclamação, mais de horror que de misericórdia. Beijou-o na testinha miúda e ergueu os olhos lacrimosos para o marido:

– Acho bom leva-lo daqui. Não sou suficientemente cristã para aceitar um aleijadinho como filho, e que Deus me perdoe se novamente peco pelo orgulho. Alguma pessoa caridosa tomará conta dele.

Giusepe saiu com o pequeno. Não podia confiar em ninguém para semelhante tarefa. As ruas escuras e desertas facilitavam a concretização de seu plano. Depois de boa caminhada, próximo a uma casa humilde viu uma palmeira cercada de macio capim. Enrolou mais o filhinho e ali o depositou. Volveu os passos apressados, sem olhar para trás.

Não teve sensação de remorso ao entrar em casa. Sentia-se, ao contrário, mais seguro de si mesmo.

Margarida nada perguntou. Derramou algumas lágrimas silenciosas e foi tudo.

* * *

Os primeiros raios da madrugada surgiam, quando o pescador Giovani saiu em direção ao trabalho quotidiano. Havia caminhado uns cem passos quando ouviu um choro de criança. Parou atento e, percebendo a direção, se encaminhou para junto do coqueiro. Abaixou-se e tomando o pequenino, voltou quase a correr em direção a sua humilde casa. Bateu com força, chamando pela mulher:

– Isabel, abre depressa!

– O que foi, homem, esqueceste de alguma coisa? Precisas esmurrar a porta desse jeito? Já estou abrindo.

– Vê, Isabel, Deus nos mandou este presente, nós que tanto desejamos um filho e vemos sempre o nosso sonho frustrado.

Giovani ria de satisfação enquanto narrava o acontecido.

Isabel tomou o pequenino e aconchegou-o ao peito:

– Ele está com frio, deve ter passado a noite toda ao relento.

– Vamos, Isabel, vê logo se é homem ou mulher, embora isso não faça diferença. Temos um filho, com a graça de Deus.

Ela desenrolou a manta e lágrimas compungidas lhe correram pelas faces. O marido, não menos emocionado, comentou:

– Pobrezinha, foi por isso que o enjeitaram, como se tivesse culpa de vir ao mundo com esse defeito. Mas aqui, meu pequeno, tu serás acolhido com amor.

Isabel levou-o para o pequeno quarto, o único da casa, e

deitando-o em sua própria cama, desenrolou-o por completo.

Giovani, olha, é um menino. Está todo molhado; vamos mudar essas fraldas. Mas como? Não temos outras.

– Rasga um lençol, Isabel, depois providenciaremos coisa melhor. Deus nos deu a criança, nos dará também meios de sustentá-la. Vou apanhar meus peixes e com o produto da venda compraremos leite e roupa para ele.

– Mas é muito novinho para tomar leite de cabra. Oh! Já me lembro, a comadre Tereza poderá amamentá-lo por uns dias.

Isabel envolveu novamente o pequeno a manta:

– Ele chora é de fome, vou levá-lo para mamar.

Saíram ambos. Giovani acompanhou a mulher até a entrada da casa de Tereza e depois tomou direção oposta, seguindo ligeiro para as margens do Tibre. Voltou ao anoitecer. Entrou em casa cantarolando; fora feliz na pescaria. Trouxe provisões para o lar, uma peça de fazenda macia e duas cobertas de lã.

O pequeno, já banhado e bem alimentado, dormia num caixãozinho que substituiu o rico berço enfeitado de fitas e rendas.

– Tereza foi muito boa; além de dar seu leite, emprestou-me umas roupinhas. Já lavei as que ele usava, Giovani. São roupas finas e caras; ele deve ser filho de gente rica.

– Gente rica? Pode ser gente endinheirada, mas bem pobre de sentimentos; nesse caso, minha cara Isabel, nós somos mais ricos, pois aceitamos o pequeno como filho querido que o Céu nos mandou.

– Tereza acha que ele tem poucas horas de vida, foi desprezado logo que acabou de nascer; e se não o tivesses encontrado? O pobrezinho poderia morrer de fome e de frio. Será que essa mãe desnaturada não pensou nisso?

Giovani guardou o material de pesca, banhou-se e foi para junto da criança, enquanto aguardava que a esposa lhe servisse a ceia. Quedou-se sonhador, tecendo planos futuros e pensando no nome que lhe daria. Gostaria de por o seu, Giovani mas se fora ele enviado por Deus, para preencher o vazio do lar, talvez fosse melhor chama-lo de Ângelo. Sorriu feliz: sim, já tem nome: Ângelo Paschoalli – e erguendo-se, caminhou em direção à pequena mesa de refeições.

Isabel sentou-se ao lado do marido e, antes de tomarem a sopa, recitaram, em voz alta, a prece de agradecimento:

– Senhor! Agradecemos, de coração, o pão de cada dia; deste-nos hoje maior quantidade de peixe e vimos nosso modesto lar abençoado com a maior riqueza que o pobre pode desejar. Deste-nos, Senhor, o filho há tanto desejado. Pedimos, Pai, com todo o fervor de nossas almas, que nos dê forças e persistência para cumprir com amor e dedicação a tarefa que agora iniciamos. Perdoai aqueles que, esquecidos de vossas santas leis e dos deveres paternos, não tiveram a resignação e a coragem diante de vossa vontade. Aceitamos o nosso pequeno Ângelo com amor e gratidão por vossa oferenda. Guiai-nos, Pai misericordioso, para podermos colocar em seu coraçãozinho todas as virtudes. Amém.

O casal comia longe de perceber que, junto a eles, estava a figura radiosa de Kelag, primeiro inspirando a prece e agora espargindo bênçãos...

* * *

Anos se passaram. Giovani, Isabel e o filho continuavam frequentando a igreja próxima à sua residência. Ângelo ficava embevecido olhando os quadros que representavam anjos e apóstolos e depois, em casa, fazia perguntas as mais diversas e era todo atento às respostas que recebia. Visto tanto interesse, Giovani prometeu levá-lo, num domingo, ao centro da cidade para conhecer as igrejas mais famosas.

Esse dia chegou finalmente; era um domingo de Páscoa e em todas havia muita gente. Deixaram por último a basílica de São Pedro, próxima ao Vaticano, e enquanto para lá se dirigiam, Giovani foi narrando ao filho a sua história e falando sobre essa admirável obra arquitetônica. Entraram em silêncio. Ângelo foi abrindo caminho e conseguiram atingir um bom lugar. O menino olhava em todas as direções, a tudo analisando, quando ouviu uma voz infantil dizer, perto de si:

– Olha, mamãe, um menino tão bonito e sem um braço. Ele até se parece com Livinha.

– Onde? -perguntou a irmã.

– Ali, na frente e um pouco à direita.

Ângelo, voltando a cabeça, olhou-os de frente e teve um estremecimento ao encarar a bela senhora ricamente vestida, porém bastante pálida.

Ao casal Paschoalli a cena não passou desapercebida, e Giovani, discretamente, olhou para trás. Ele também empalideceu: estava certo de que aquela senhora era a mãe de seu filho. A semelhança entre Ângelo e a menina maior era evidente: os mesmos olhos, os mesmos traços, a cor dos cabelos...

Procurando evitar que a situação ficasse embaraçosa, Giovani pôs a mão no ombro do filho e lhe disse baixinho:

– Vamos, Ângelo, doi-me a cabeça; o templo está muito abafado e preciso respirar um ar puro – e evitando o encontro, Giovani tomou a frente, saindo pela porta lateral.

– O senhor está melhor, paizinho? Acho bom ficar sentado nesses degraus até que descanse um pouco. Não é bom, mamãe? A senhora também deve estar exausta.

– Não, meu filho, não me sinto cansado. Foi apenas uma tontura acompanhada de dor de cabeça, mas já me sinto melhor e a caminhada nos fará bem.

Logo depois, dando graças a Deus que seu filho estava vivo, Margarida com as filhas tomou a carruagem que as levaria de volta ao lar. Elas continuaram a falar do menino sem braço, enquanto a mãe, em silêncio, procurava disfarçar as lágrimas que lhe escorriam pelas faces. Naquele momento o remorso lhe corroía o coração; se pudesse, o tomaria nos braços e o afagaria com beijos ternos pedindo-lhe perdão. Contudo, pensava: ele saberia que eu o desprezei e não teria um sentimento amoroso como o que dedica àqueles que o acolheram. Temos tanto, e eles tão pouco...

– Mamãe, a senhora está chorando? Também teve pena do menino sem braço?

– Sim, filhinha. É isso, me condoí com a sua situação. É um belo menino e deve ter uns sete anos; seu irmãozinho, se tivesse vivido, teria essa idade... – e um soluço embargou-lhe a voz.

Giovani, que não dispunha de recursos para alugar um coche, conseguiu uma carrocinha, muito usada por leiteiros, e com a família seguiu feliz para casa.

Ângelo, durante o percurso, fez poucos comentários sobre as igrejas e nenhum a respeito da senhora e filhas que vira na basílica de São Pedro. Isabel e o marido acreditavam que ele não tivesse percebido a conversa das meninas, do contrário lhes teria feito alguma pergunta. Ficaram, contudo, surpresos quando à noite, à hora da prece, o menino ergueu a voz:

– E agora, um Padre Nossa pelas meninas que me acharam bonito mesmo sem braço, e pela mãe delas que teve pena de mim. Os três rezaram a oração.

– Meu filho, como notaste esse fato, se eu e tua mãe, ao teu lado, nada vimos?

– Oh, papai, foi na igreja de S.Pedro; eu estava olhando a bela igreja, quando ouvi uma voz de criança dizer: -"Olhe, mamãe, um menino tão bonito e sem um braço; ele até parece com Livinha". Olhei para trás e via senhora, muito pálida, me olhando com piedade. Não sei por que, papai, mas tive pena da senhora rica, talvez pelo seu olhar mostrando pena, porém triste...

– Fizeste bem em te lembrar deles com uma oração; devemos amar a todos; e agora, meu filho, vai para a cama, que já é tarde.

Ângelo beijou os pais e se meteu sob as cobertas. Adormeceu tranquilo, sentindo amor a Jesus.

Os dias seguiam tranquilos. Ângelo, quando não acompanhava o pai na pescaria, se entretinha a auxiliar a mãe nas tarefas domésticas. Com um só braço fazia coisas que muitos meninos de sua idade e perfeitos não conseguiam fazer. Daí ele ser amado por uns e invejado e maltratado por outros, dentro da vizinhança. Quando era elogiado sorria, quando menosprezado não chegava a sentir-se ofendido e não fazia reclamações ou queixas lamurientas.

Isabel era analfabeta, mas Giovani, que sabia alguma coisa, à noite transmitia ao filho seus parcos conhecimentos. Ele aprendia tudo com espantosa facilidade e, ao esgotar os conhecimentos paternos, conseguiu livros emprestados e com férrea vontade continuou estudando, ávido de aprender e saber. Aos doze anos dava aulas a pequenos desfavorecidos da sorte que, como ele, não dispunham de facilidade para frequentar escolas públicas. Aos 15 anos recebeu a alcunha de "o mestre", e não ficou envaidecido, nem sequer convencido de merecer o honroso título.

Foi essa época que ele sofreu o primeiro golpe. Num dia chuvoso, seu pai, de volta ao lar, escorregou, indo se chocar contra enorme pedreira próxima ao rio. Com fratura de uma perna e enorme talho na testa, perdeu os sentidos. Ângelo, que o seguia a pouca distância, correu a prestar socorro e foi auxiliado por dois outros pescadores.

Giovani foi transportado para casa ainda inconsciente e, ao voltar a si, agradeceu ao Céu ter ao lado a esposa dedicada e o filho que o substituiria no sustento do lar. Sabia o quanto seria difícil para Ângelo sair só numa embarcação, mas confiava plenamente na sua boa vontade de superar os obstáculos, embora o achasse jovem demais para tal responsabilidade.

Giovani ficou preso ao leito por várias semanas e Ângelo tomou o seu lugar. Teve momentos de alegria e de desânimo, inquietações e amarguras, mas conseguiu saldar a conta do médico e dar aos pais a satisfação de mostrar que era um homem, capaz de executar as mais difíceis tarefas.

Por vezes, ao lançar a rede, presa aos dentes que substituíam o braço que lhe faltava, sentia profunda dor, mas olhando o firmamento, com fé no Poder Divino, sentia-se fortalecer e, reanimado, se atirava à luta redentora. Não parecia um jovem de 15 anos; sua tez queimada pelo sol, seus cabelos louros, soltos ao vento, davam-lhe um ar grave e compenetrado. Assim, dia após dia, ora com o pescado farto, ora minguado, Ângelo se desincumbiu da tarefa que lhe fora confiada.

Giovani voltou ao trabalho. Amava o rio e amava o barco, mas acima de tudo, amava o filho adotivo. Ângelo desde a mais tenra idade se mostrara obediente, fora uma criança dócil, meiga, e ao crescer, seus predicados aumentaram; tornou-se prestativo e útil aos semelhantes. Na roda dos pescadores, o "mestre" era sempre bem-vindo. Havia um, no entanto, que o tratava com verdadeiro desprezo. Era Florindo, um calabrês. Ao ver Giovani e o filho rodeados pelos amigos, Florindo se aproximou para saudá-los à sua moda:

– Então, o velho está de volta? Pensei que não desfrutássemos mais de sua companhia. Tu estás contente, hein, moleque? Teu pai te fez falta. É duro para um aleijado precisar trabalhar e sustentar a família.

– Senhor Florindo, dou graças a Deus por ter tido capacidade de enfrentar as responsabilidades do lar. Meus pais merecem muito mais, e possa eu, um dia, demonstrar minha gratidão, dando-lhes uma velhice tranquila e sem preocupações.

– Isso, meu rapaz. É assim que se responde aos insolentes – retrucou outro pescador.

Florindo, praguejando, se afastou, mas no seu íntimo havia revolta e entredentes fazia tremendas ameaças.

* * *

Os barcos saíram e Giovani, feliz no seu, rendia graças por voltar ao trabalho, voltar à convivência das águas, de onde tirava o sustento de cada dia.

Ao entardecer, Isabel os esperava à porta. Em seu olhar havia ansiedade.

– Foi ótimo que voltassem mais cedo. Tive receio de que, ao subires no barco, tua perna não tivesse firmeza suficiente. Não houve nenhum contratempo?

– Oh, não. Não tive nenhuma dificuldade, ao contrário, velhos amigos buscaram nossa companhia expressando alegria com a minha volta, e todos eles querendo me auxiliar.

Isabel deu-se por satisfeita e entrou, mas durante a ceia Giovani notou-lhe a mesma ansiedade no olhar. Que seria? – pensava ele. Isabel era franca e sincera em todas as atitudes; por que estaria preocupada sem revelar o motivo? Estava para inquiri-la quando um gesto dela, quase imperceptível, o deteve. A ceia chegava ao término. Ângelo, como fazia habitualmente, retirou os pratos da mesa modesta e depois, tomando seus livros, pediu licença para se ausentar. Seus alunos o esperavam não longe dali.

Mal a porta se fechou, Isabel retirou do seio pequenino embrulho.

– Giovani, encontrei isto sob a porta, logo após tua saída de manhã. Vê, há dinheiro e um bilhete; não sei ler e não sei do que se trata. Talvez seja engano; quem nos teria enviado?

– Veremos.

Desdobrou o papel e teve uma exclamação de surpresa: o bilhete lhe era dirigido:

"Senhor Giovani Paschoalli: Após longos anos de investigações infrutíferas, consegui afinal localizar sua casa, tomar conhecimento de suas lutas e dificuldades, bem como do amor que o senhor e sua esposa dedicam ao filho que, perdendo os pais naturais que pecaram pelo orgulho incontido e vaidade desmedida, encontrou no lar simples e humilde o carinho, o afeto e as virtudes que fazem dele, no presente, um homem honrado e feliz.

Sem a intenção de ofender ou humilhar, sem ostentação e sem orgulho de muito possuir, ofereço estas moedas para amenizar situações que por vezes se apresentam embaraçosas.

Com gratidão, M., a mãe sofredora."

Giovani leu e releu o bilhete em voz alta e depois contou as moedas.

– Mas isto é um fortuna, dá para nos sustentar durante todo um mês.

Calmo e sereno, ele enrolou o bilhete e as moedas no mesmo papel e entregou-o a Isabel: – Guarda, minha velha, se precisarmos lançaremos mão; por ora de nada necessitamos. Será um pecúlio para nosso filho quando constituir família.

Isabel, sem lugar seguro para ocultar convenientemente a preciosidade, colocou-a sob o colchão surrado e voltou a sentar junto ao marido.

– Giovani, não achaste estranho que essa dona descobrisse nossa casa? Quem a teria informado? Ela sabe até o teu nome; saberá também o do filho?

– Na certa, Isabel. Tenho para mim que, naquela vez na igreja – lembras? Foi há muito tempo – ela marcou nossa fisionomia e daí para cá, discretamente, para não causar suspeitas, se pôs em campo, investigando aos poucos. Não quero que comentes esse fato com ninguém, poderia prejudicá-la junto ao marido.

– Será que ele não sabe?

– Creio que não, ou melhor, estou certo que não. Ela,

quando viu o filho, reconheceu-o e sentiu remorsos. Talvez o tivesse enjeitado imposta pela vontade do companheiro, e nesse caso, não lhe terá falado sobre o encontro casual. Dentro de sua amargura, teve receio de falar. Os homens são mais intransigentes, egoístas, e não cultivam os mesmos sentimentos que as mulheres. São, por assim dizer, mais tardios na compreensão. Se ele soubesse, teria se dirigido a mim, pois lhe seria fácil como homem, me procurar a pretexto de um serviço ou coisa que o valha.

As três pancadinhas convencionais fizeram com que o casal silenciasse. Era Ângelo que voltava, e logo após as costumeiras orações, se recolheram ao leito.

Mais alguns anos se passaram e outros donativos de Margarida chegaram às mãos de Giovani. A soma estava intacta. Por vezes, em rigorosos invernos ele fora tentado a fazer uso de uma parcela, mas conseguira vencer à custo de enorme trabalho e muito sacrifício.

Agora, porém, não podia relutar mais. Isabel caíra de cama para não mais se levantar. Após dois meses de sofrimentos inauditos, ela deixou o mundo terreno. Giovani precisava de pequena quantia para o sepultamento humilde, porém digno. Sem hesitar, chamou o filho e o fez ciente dos donativos que lhe tinham sido enviados, fazendo-o ver que nesse momento precisava lançar mão de uma parte.

– Mas papai, como pôde? Por que enfrentou situações difíceis, tendo recursos para enfrentá-las? Ah, se eu soubesse! Podíamos ter feito mais por minha querida mãe!

– Não, filho, não faríamos mais do que fizemos. Ela teve todos os recursos, não lhe faltaram medicamentos nem assistência, teve o nosso carinho e afeto e partiu feliz, sabendo que te deixava com um futuro promissor.

– Papai, eu nada quero dessa quantia que nos foi enviada. Sou moço ainda, forte para o trabalho e, creio, seria melhor empregá-la no seu bem estar. O senhor já tem idade e está cansado.

Várias pessoas, vizinhos e pescadores, entraram nesse momento para apresentar condolências e a conversa foi interrompida.

Durante a moléstia de Isabel, Giovani tomar a si os cuidados da casa, inclusive o preparo dos alimentos, e agora, após a morte, ele continuava a cuidar de tudo, saindo raras vezes para o rio.

Ângelo ficara com o barco e bem ou mal, iam vivendo. Nenhum dos dois queria lançar mão das dádivas de Margarida, Giovani achando que era patrimônio do filho, e este que a quantia pertencia ao pai a quem tudo devia. Seus pais verdadeiros, aqueles que lhe tinham dado o corpo físico, não o abandonaram à própria sorte? Não teria perecido, exposto ao frio, sem a abnegação de Giovani e Isabel? Ele ainda pequeno, tomara conhecimento do fato por Florindo que o taxara de infeliz enjeitado. Seus pais adotivos o consolaram, lhe disseram a verdade, procurando dentro do sentimento cristão, desculpar o erro que os pais naturais tinham cometido. Fora criado como filho pelo casal Paschoalli e dele recebeu amor, carinho, educação, princípios morais, sentimentos nobres. Como os amava! Quantas saudades da querida mãe Isabel! Quanto amor ao pai Giovani!

O inverno chegou rigoroso; à primeira nevada, Giovani foi acometido de forte "influenza" e ficou preso ao leito por muitos dias. Ângelo não poupou esforços e sacrifícios para vê-lo recuperado. Contratou uma jovem, filha de vizinhos dedicados, para tratar do pai e lhe preparar os alimentos. Saía para o trabalho fazendo mil e uma recomendações e mesmo assim voltava sempre mais cedo, para pessoalmente verificar se tudo corria bem e a contento do enfermo.

A jovem, Luiza era seu nome, correspondia fielmente à confiança que o rapaz lhe concedia. A casa sempre asseada, muito limpa, os alimentos muito bem preparados, os remédios sempre dados à hora certa, e um sorriso permanente em seus lábios carmesins. Ângelo foi, aos poucos, se encantando, e quando deu por si, estava enamorado de Luiza. Percebeu que ela não lhe era indiferente, contudo não se sentia encorajado para lhe falar de amor. Pela vez primeira sofria realmente com a falta do braço. Era um empecilho à sua felicidade. De alegre e comunicativo sempre, passou, não à revolta, mas a um estado melancólico. Sempre após a ceia Luiza se retirava, e nesse momento, Ângelo percebia em seus olhos azuis uma infinita ternura.

Giovani já havia deixado o leito, mas, enfraquecido como estava, passava os dias recostado, ora lendo, ora entregue a profunda meditação. Já percebera o enlevo de Luiza e a tristeza que dominava o semblante do filho bem amado. Resolvendo intervir, aguardou a saída de Luiza e foi direto ao assunto:

– Ângelo, que tens? Algum problema íntimo?

O rapaz corou e ensaiou uma resposta que não veio.

– Tenho notado teu estado melancólico, teu ar distraído e, por que não dizer, os olhares furtivos que endereças a Luiza; e ao que me parece, ela partilha dos mesmos sentimentos, pois, embora conserve a jovialidade risonha, tem suspiros inconfundíveis. Por que não lhe falas do teu amor e de teus bons propósitos? Já é tempo; tu és um homem feito e não um rapazola sem juízo. Em tua idade eu já estava casado havia três anos e crê, filho, só encontrei felicidade ao lado de tua mãe.

– Mas o senhor era um homem normal...

– E tu por acaso não és? Qual o empecilho? O teu braço? Não trabalhas sem ele? Muito ao contrário, és mais digno do que muitos homens que vivem na ociosidade, sem responsabilidade alguma diante dos problemas da vida. O aspecto físico é quase nulo quando se tem o espírito bem formado. Tua alma é bela e nobre o teu caráter, teus sentimentos são puros, isentos de paixões mesquinhas; que mais queres?

– Não havia pensado nisso, papai. Por vezes senti ímpetos de falar com Luiza, mas temendo ser repelido, procurava um meio de me libertar de sua figura radiosa. Aguardava que o senhor se recuperasse para avisá-la de que não precisaríamos mais de seu auxílio.

– E agirias bem? Não serias um ingrato? Decididamente, meu caro filho, ias cometer uma tolice que te traria grande peso na consciência.

– Suas palavras, papai, me fizeram bem. Não sinto mais aquela opressão que venho passado há vários dias. Creio mesmo que a pedirei em casamento e se houver uma recusa...

– Não haverá recusa alguma, Ângelo. Tenho notado que Luiza te quer muito e, embora não demonstre, vive sofrendo com tua indecisão.

Conversaram por algum tempo e Giovani falou da união matrimonial, da vida no lar, nos encargos e responsabilidades da família face à sociedade e abordou esses temas demonstrando filosofia e profundo saber.

A noite ia alta quando se recolheram. Ângelo adormeceu tranquilo, confiante e disposto a realizar o seu ideal.

Na manhã seguinte, com a pesada roupa de inverno, ele buscou o trabalho; não o da pesca, que era quase impossível, mas numa casa comercial, propriedade de um amigo que outrora fora pescador.

Regressou a casa ao anoitecer e nesse dia sorriu franco para a sua amada. Quando Luiza se despediu, ele, encorajado pelo olhar paterno, pediu permissão para acompanhá-la. Um pouco intimidada, a jovem concordou. O ar gelado da noite os aproximou mais, doce encanto os unia. Com voz um pouco trêmula coração a bater apressado, Ângelo perguntou de chofre:

– Luiza, eu... eu... bem, eu desejo saber se queres te casar comigo. Tenho muito pouco para te oferecer, mas meu coração transborda de amor sincero.

O silêncio da jovem pôs o rapaz em sobressalto; já se arrependia de suas palavras quando, quase num murmúrio, ela tomou-lhe as mãos, dizendo:

– Vem, fala com meu pai; ele já espera teu pedido.

– Que dizes? Ele já espera?

– Sim. Percebi que gostavas de mim e tinhas receio de assumir compromisso. Pedi a Nossa Senhora que me ajudasse e confiei tanto que avisei em casa que eu seria pedida em casamento dentro em breve. Meu pai, ao saber que o eleito eras tu, sorriu satisfeito, dizendo: "Bem, ele é um homem honrado, de boa família, trabalhador e honesto. Creio que te fará feliz".

– Foi bom teres falado, assim me sinto agora mais encorajado.

Vencendo a timidez, Ângelo cumprimentou o futuro sogro, enquanto num olhar discreto percorria todos os cantos da pequena sala.

– Fica à vontade, meu rapaz; vou chamar Sabina para que te cumprimente também.

– Um momento, senhor; preciso de sua atenção porque o

motivo que me traz à sua presença é sério e delicado.

– Ora, ora, já sei do que se trata; Luiza tem falado muito a teu respeito e nos avisou que virias pedir sua mão, e creio ter chegado o momento, não é isso?

– Sim, mas acontece que há um pormenor que todos ignoram. Não sou filho legítimo de Giovani. Sou um pobre enjeitado da família e ele, com amor e abnegação, tomou-me pequenino e me criou como seu filho. Meus pais verdadeiros, não os conheço, não sei nada sobre eles. Calculo que sejam pessoas ricas e orgulhosas que se envergonhariam de ter um filho aleijado.

– Ângelo, conheço teu pai adotivo, como também conheci Isabel, há muitos anos, desde a época em que se casaram e vieram ser nossos vizinhos. Portanto, sei de toda tua vida, sei como te encontraram, e acredita, filho meu, fui a primeira pessoa a visitar-te no pequeno berço improvisado. Daí para cá, acompanhei tua vida e sei que és um homem de bem. Podes te considerar noivo de Luiza.

Os olhos de Ângelo estavam marejados de lágrimas quando Sabina e Luiza entraram na sala. Traziam copos e uma garrafa de bom vinho.

– A noite está fria e devemos nos esquentar um pouco com um bom brinde. Um viva aos noivos!

Após um meia hora de palestra animada, Ângelo pediu licença para se retirar: – Papai deve estar ansioso pelo meu regresso, foi ele quem me encorajou, pois temia ser repelido, e estou certo de que ficará satisfeito com as boas notícias.

Nisso bateram à porta, e Dalila, irmã mais moça de Luiza, foi abrir. Todos riram: era Giovani, enrolado em pesada coberta de lã.

– Pressenti que aqui havia muita alegria e vim tomar parte. Boa noite a todos!

E Giovani vibrava de satisfação. Bebeu o vinho que lhe foi servido e agradeceu ao Céu o momento. Sentia, nesse momento, que Isabel estava ao seu lado e tomava parte em todas as alegrias.

A notícia do noivado de Ângelo correu célere e chegou aos ouvidos de Florindo.

– Ah! Agora ele não me escapará; chegou a hora de me vingar de sua superioridade. Ele morrerá antes de se tornar feliz – e Florindo arquitetava planos: abatê-lo com certeiro golpe de punhal, ou seria melhor que o afogasse? Ria e bebia, antegozando a crueldade que estava disposto a executar. Bastante embriagado, sem dar conta de si próprio, cambaleando, saiu pelas ruas a gritar: – Matarei o infame. Matarei o indigno, o mestre precisa morrer. Matarei o mestre, o enjeitado que tem ares de doutor.

Seus passos trôpegos o levaram em direção à casa de Giovani. À porta se deteve e, arrancando o punhal da bainha, gritava com voz pastosa: – Onde está o miserável, o covarde, que não aparece? Por ser aleijado tem medo de lutar? Pois eu te matarei aí dentro mesmo – e deu um pontapé na porta.

Giovani ia sair para acalmar o visitante importuno, quando Ângelo lhe tomou a frente: – Deixe, papai, eu tomarei conta de nosso tresloucado irmão; não tenha receio, saberei detê-lo.

Florindo gargalhou sinistramente quando viu assomar à porta o jovem a quem odiava.

– Ah, aceitou o desafio? Vou matar-te como a um cão, miserável.

Ângelo, sem o mínimo de esforço, tirou-lhe o punhal e o levou para dentro. Refrescou-lhe as têmporas com água fria e depois o colocou em sua própria cama. Minutos depois, Florindo roncava.

– Meu filho, admiro tua serenidade e me alegro com essa atitude cristã. Deus seja louvado! O pobre Florindo merece compaixão.

– Sim, papai, é digno de pena e não de revolta. Estou satisfeito que tivesse chegado a esse ponto; terei oportunidade de ajudá-lo, com essa aproximação violenta. Quando acordar, vou levá-lo para casa e saber de suas necessidades. Tenho impressão de que sua família passa privações e vou me certificar agora.

Florindo dormiu horas a fio; de vez em quando, agitava-se, falava, para novamente se imobilizar por completo. Ao acordar, não teve forças para se pôr e pé; caiu, ferindo levemente a cabeça.

Ângelo e Giovani o colocaram novamente no leito e cuidaram do ferimento.

– Onde estou? Quem são vocês? Por que me trouxeram a esta casa estranha?

– Acalma-te, Florindo, estás em casa de amigos. Estás doente e precisas te refazer. Sou Giovani, o pescador.

– Giovani.. Giovani... Já ouvi falar, mas não me lembro bem. Pescador... também sou pescador; pesco garrafas, copos, tabernas – Riu, achando graça de si próprio. Riu novamente e continuou: – Muito engraçado, quer dizer que estou na casa de Giovani, o pai do aleijado?

– Em casa de amigos, repito. O aleijado é Ângelo, que te socorreu e agora te prepara um bom alimento. Estás fraco e um caldo quente te irá bem.

– Então ele não morreu? Eu não o matei? A faca não atingiu o alvo? Estou fracassando, sempre fui o maior atirador de facas da Calábria.

Florindo aceitou o prato de sopa sem nenhuma reserva, mas evitou o olhar de Ângelo. Sorveu o líquido de modo apressado, e ao término, embora vacilante, conseguiu ficar de pé.

– Vou levar-te para casa, Florindo; estás fraco para caminhar só. Passa o braço em volta de meu pescoço; isso, assim; agora vamos.

Giovani abriu a porta e os dois ganharam a rua.

A caminhada foi difícil; momentos havia em que Ângelo precisava do máximo de suas forças para arrastar a pesada carga. Aproximaram-se e um cão se pôs a ladrar furiosamente. Bela jovem surgiu à pequena janela e gritou com o animal, que se pôs em retirada. Ela veio ao encontro deles quase correndo:

– Papai, o senhor bebeu outra vez! – Era Magda, que em lágrimas tentou ajudá-los.

– Deixa, filha, o aleijado tem bastante força; já que não morreu, carrega o seu ofensor. É por isso que tem fama de bom. Vamos, me sinto doente, preciso descansar.

Os três entraram. Magda passou à frente, mostrando o pequeno quarto. Ângelo colocou Florindo na cama e respirou fundo. Estava exausto.

– O senhor foi muito bom em trazer papai. Ele infelizmente, não merece esses cuidados. Quando bebe se torna agressivo e briga com todos, até mesmo com meus irmãos pequenos. Agora, na certa, dormirá por muito tempo. É sempre assim.

– Oh! Sua... Tem coragem de falar assim de seu pai? Não sei onde estou que não te arrebento por essa falta de respeito. Não vais também te enfeitiçar por esse...

– Papai, que é isso? Eu não disse nada que pudesse ofendê-lo; vou preparar-lhe um remédio e o senhor vai ficar bom.

Na ponta dos pés, Magda deixou o quarto e Ângelo examinou a miséria que havia ali dentro. O colchão era de palha, já bastante gasto; havia pregos com roupas penduradas, todas rotas ou remendadas.

Magda voltou; trazia um caneco com água, onde diluíra uma pastilha. Docilmente ergueu a cabeça do pai e o fez beber. Aguardou alguns minutos e fez sinal para que Ângelo a seguisse.

– O senhor fique a vontade; vou ver o que fazem meus irmãos e volto em seguida; quero conversar a respeito de meu pai e talvez não tenha outra oportunidade.

Magda saiu e Ângelo se fez pensativo. A moça era bonita, talvez mais que sua noiva; era meiga e educada demais para o meio em que vivia. E sua mãe, onde estaria? Ali, além da miséria, havia o sofrimento moral. Magda tinha o olhar triste. Ergueu-se do banco rústico e foi espiar Florindo, que dormia.

A moça entrou e pela primeira vez sorriu.

– O senhor me desculpe, demorei mais do que pretendia. Quero lhe pedir desculpas pelo meu pai. Não sei o que houve, mas deve tê-lo maltratado e achei-o injusto pelo modo com que se referiu a sua pessoa. Ele não é mau, a mim me quer muito, mas quando bebe, não responde pelos seus atos.

– Magda, nada disso importa. Desejo que me digas, sem reservas, se necessitas de algo que eu possa fazer em teu benefício, de teus irmãos e de tua mãe.

– Não tenho mãe; ela faleceu há alguns meses ao dar à luz meus irmãos gêmeos. Ainda agora fui vê-los; estão em casa de uma vizinha que os amamenta. Fora esses, tenho mais três, já crescidos, e estão todos sob minha guarda, pois não contamos muito com papai.

– Vivem então em privações constantes?

– Bem, à vezes, papai nos dá alguma coisa; eu lavo roupa para fora, e o alimento nunca nos faltou, graças a Deus. Tenho tido também mãos caridosas que nos ajudam.

– É verdade, Magda, Deus nunca nos desampara; eu fui abandonado por meus pais logo após ter nascido, mas encontrei mãos caridosas, corações generosos que me acolheram como filho. A falta de meu braço deve ter causado decepção e amargura àqueles que me deram o ser, mas os outros, os adotivos, sempre foram ternos, compreensivos, bons. Voltarei aqui e trarei meu pai para que o conheças. É o vivo exemplo da dignidade humana. Teu pai o conhece bem, pois também somos pescadores.

– Sim? Então também deve lutar e ainda me oferece auxílio? O senhor é mais que magnânimo, é seguidor do evangelho de Jesus: ama ao próximo com desinteresse.

– Magda, devo ir. Meu pai ficaria preocupado com minha ausência prolongada e também minha noiva me espera. Voltarei amanhã para conversar com teu pai. Tenho fé em Jesus, ainda há tempo para modifica-lo e tu ainda te orgulharás dele.

Ângelo regressou a casa sem se aperceber que sua recente amiga ficara triste por sabe-lo comprometido com outra. Contou ao pai, detalhadamente, toda a visita, falou sobre Florindo e mostrou encantamento por conhecer Magda. Ante seu entusiasmo, Giovani advertiu:

– Filho, te cuida; estás comprometido com Luiza e não tens o direito de ferir seu coração.

– Oh, papai, não há o menor risco; Luiza em breve será minha esposa e Magda é a irmã que sonhei ter, a irmã que precisa de amparo e carinho, nada mais. Desejo que a conheça também. Fiquei de voltar amanhã, e seria bom que me acompanhasse, o senhor a entreteria enquanto procurarei convencer Florindo a se modificar.

– Assim sendo, aceito o convite.

À hora combinada, pai e filho saíram em direção à casa de Florindo. Ele estava sentado nos degraus de pedra, em frente à porta, e tinha a cabeça enfaixada. Ao avisar os visitantes, deu mostras de contrariedade, mas não se levantou.

– Boa tarde, Florindo. Como passa? Está melhor do ferimento? – perguntou Giovani.

– Ora, não me aborreçam – vociferou ele, com cara de poucos amigos – Vão andando, aqui não há lugar para intrusos.

– Viemos como amigos, te fazer uma visita, e é assim que nos recebes?

– Não estou acostumado a receber visitas e muito menos de falsos amigos, nunca os tive e não pretendo tê-los; deem o fora antes que eu os expulse de modo violento.

Mas nesse momento, Magda ouvindo o vozerio do pai, em tom exaltado, apareceu à porta e sorriu ao ver o amigo da véspera.

– Boa tarde, senhor Ângelo, é um prazer que o senhor tenha voltado a este modesto lar e que tenha trazido o seu pai. Vamos entrar, dê-lhes passagem, papai.

Florindo, resmungando, se levantou e foi o último a entrar.

Convidando-os a sentar, Magda procurou justificar a atitude paterna:

– Perdoem papai se ele não os recebeu de pronto; raramente temos visitas e além disso, não passou muito bem à noite; sente-se um tanto acabrunhado.

Florindo estava constrangido na presença da filha; dir-se-ia outro homem. Acabara a arrogância e sua atitude, se não humilde, era tímida.

Enquanto Giovani conversava com a jovem, Ângelo foi direto ao assunto que o trouxera ali.

– Florindo, voltei para conversar contigo. Há tempos sinto que me deprecias, mas não te quero mal por isso. Ontem foste mais longe: me procuraste com a intenção de me tirar a vida. Por quê? Que mal te fiz eu? Talvez tenhas aversão pelos aleijados, mas que culpa temos nós por chegar ao mundo com nossos defeitos? Sinto também que não gostas de meu pai; por quê? Ele é tão teu amigo como dos outros pescadores. Não, Florindo, não tens o direito de depreciar as criaturas humanas quando Deus te fez feliz, dando-te filhos encantadores, todos sãos, todos perfeitos. Magda é toda ternura, bondosa e simples. É tua filha bem-amada e deves cobri-la de alegrias.

Ela deve se entristecer quando te divertes com o álcool, e por que entristecê-la? Não queres vê-la sempre alegre, sempre sorridente? Achas justo que sendo moça, trabalhadora, tenha sofrimentos por tua causa? Não cabe a ti o sustento do lar?

– Escuta, vieste aqui para me pregar sermão? Além de enjeitado, aleijado, tens vocação para padre?

– Não prego sermão, amigo. Embora não creias, estou feliz com tua atitude de ontem. Deste-me oportunidade de te acolher em minha casa e de eu vir à tua. Voltarei outras vezes se me considerares um amigo.

– Tu és cínico, rapaz. Procurei-te e te ofendi, quis te aniquilar, quis jogar meu ódio contra tua bondade, se é que és bom, e vens me oferecer amizade? Chamo a isso cinismo, covardia, imbecilidade.

– E eu chamo isso de fraternidade cristã. Jesus disse: "Amai-vos uns aos outros, amai os vossos inimigos, amai ao próximo como a vós mesmos".

– Ora, o tal Jesus era tão bobo que se deixou morrer numa cruz; por que nessa hora os inimigos não o amaram? Se ele tinha forças para convencer os homens, por que não as teve no momento supremo? E não venhas me dizer que és um segundo Jesus, com a pretensão de me aniquilar, levando-me para o caminho da docilidade, quando sinto revolta por ser pobre, revolta por ser malquisto no meio em que vivo e em que trabalho. Não ligo à malquerença e todos os que me rodeiam sabem disso.

– Não, Florindo, ninguém te quer mal, tu é que não sabes fazer amigos. Tu te sentes grande porque és dotado de um corpo robusto e exibes tua força, mas tu próprio a aniquilas com um simples copo de vinho. És poderoso e foste desarmado por mim, aleijado, como me tratas. És poderoso e por vezes te transformas numa criança. Ontem, vi em ti uma criança que precisava de amparo e, com sinceridade, naquele momento eu me sentia na qualidade de pai a proteger o filho. Senti, naquele momento, que não te abandonaria jamais, que te queria muito e por isso voltei hoje para conversarmos a sermos amigos.

– Ângelo, é verdade o que dizes? Não me queres mal?

Não tens mágoa pelo modo como sempre te chamei?

– Não, Florindo. Tu dizias "enjeitado, aleijado", e na verdade eu o sou; por que me ofender ou me zangar? Tu eras sincero; outros pensam e não tem a coragem de dizer. A sinceridade é uma virtude e quem tem uma pode ter todas as outras.

– Meu rapaz, estou contente por teres vindo. Creio que começo a te compreender. Sempre quis te aniquilar por ver em ti um adversário temível. Não tens um braço e competias com todos os pescadores em igualdade de condições e isso me feria o amor-próprio. Mas agora vejo que tua força não reside no corpo e sim na alma e te invejo.

Não, Florindo, não podes ter inveja; é um sentimento mesquinho. Precisas crescer interiormente. Começa pela prática do bem, dá uma palavra ao infortunado, um sorriso ao triste, um carinho ao sofredor, estende a mão àquele que te pede amparo, só então compreenderás que os pobres e humildes também podem ser felizes.

Eles conversaram à janela e, ouvindo ruído de copos que se enchiam, Florindo voltou-se. Magda havia enchido de vinho dois deles e estava para encher o terceiro quando o pai lhe tirou das mãos a garrafa. A cena foi rápida; ele atirou a garrafa e os copos cheios no chão com violência, quebrando-os e esparramando o líquido. Magda e Giovani se entreolharam assustados, e Ângelo sorriu: era o único a compreender a situação. Os outros só com a palavra de Florindo:

– Filha querida, acabo de exterminar o feroz inimigo, limpa o sangue derramado e enterra o infeliz corpo quebrado.

Magda se atirou nos braços paternos; soluçava comovida, e quando o deixou foi direta a Ângelo e o beijou nas faces.

A emoção fez com que todos silenciassem, mas no ar, sem a percepção dos presentes, havia música e luzes e Kelag, em espírito, sorria feliz com a vitória alcançada.

* * *

Com o casamento marcado para começo de abril, Ângelo e Luiza ultimavam os preparativos. Magda, sempre que podia, dava sua parcela de ajuda nas costuras.

Giovani e Florindo combinaram uma surpresa para os noivos: eles preparariam uma ceia à base de peixes e mariscos, fora os pratos típicos.

Poucos dias antes, Magda foi entregar a roupa que lavara para sua melhor freguesa, quase amiga, pois era dessa gentil senhora que recebia pequenos auxílios desde a morte da mãe. A criada da casa recebeu a roupa e mandou que esperasse, pois sua ama desejava falar-lhe. Não demorou muito e a dama apareceu. Magda deu um passo à frente e a cumprimentou, sorrindo:

– Bom dia, dona Margarida; soube que desejava falar-me. Está ressentida comigo por eu deixar de lavar para a senhora?

– Não, filha, pelo contrário, fiquei satisfeita quando teu pai veio entregar a última e me avisou que não lavarias mais. És muito jovem para semelhante tarefa e além disso pareceu-me que ele estava outro; pressenti que tiveram uma melhoria de vida.

– Sim, dona Margarida, graças a Deus e a um bom amigo, papai deixou de beber, tem maior rendimento no serviço, não desvia mais o que é necessário ao lar, e nossa vida melhorou bastante. Hoje vim para agradecer tudo quanto o seu coração generoso fez por nós; suas dádivas evitaram que meus irmãozinhos passassem fome. Com o dinheiro de hoje, vou me dar ao luxo de comprar um presente de casamento para o nosso benfeitor, o amigo que modificou papai, o irmão incansável na prática do bem. Gostaria de lhe dar tudo que merece mas tendo pouco para dar, me contento com isso.

– Menina, se ele não estivesse para se casar eu diria que estás apaixonada, pois com que calor falas desse amigo!

– Oh! É porque a senhora não o conhece. É lindo. E engraçado, agora noto que se parece bastante com a senhora; tem os mesmos olhos e o seu sorriso lembra o dele.

Margarida, às últimas palavras, empalideceu ligeiramente, lembrou-se do filho e, ansiosa, pediu:

– Então fala-me ainda do teu amigo; teu entusiasmo me contagiou. Tu o conheces há muito tempo? Vens aqui sempre e nunca me falaste nele.

– Não, eu o conheci faz pouco. Meu pai já o conhecia há muito, desde menino, e sempre teve aversão por ele.

– Aversão? Por quê? Não se tem aversão sem motivo; talvez fosse uma criança rebelde e malcriada.

– Não, pelo que sei da vida de Ângelo, sempre foi bom; desde menino ajudava o pai, esforçado como poucos, pois, faltando-lhe um dos braços, fazia mais que qualquer criatura normal. Ele é puro e nobre, filho dedicado, amigo dos amigos e amigo daqueles que o desprezaram por ser enjeitado. É um coração generoso e agradecido.

Magda, em seu entusiasmo, enaltecia as qualidades do rapaz; mas de repente parou e, ao encarar a dona da casa, exclamou:

– Dona Margarida, a senhora se sente mal? Está doente? Está tão pálida e trêmula! Deve estar cansada de me ouvir; perdoe, eu me distraí e não percebi que falava tanto.

– Magda – disse ela com esforço – ando há alguns dias adoentada, mas é coisa passageira. Sempre que me emociona fico nesse estado; apanha-me um copo d'água.

Margarida, a sós, murmurou para si própria: – Meu filho, meu querido filho, agora sei o teu nome; hei de te ver e amar-te muito.

Magda voltou acompanhada da criada com uma bandeja de prata. Ao lado do copo, um vidro de pequeninas pílulas. A senhora tomou o líquido e o medicamento. Ainda estava muito pálida quando voltou a falar:

– Magda, estou bem agora; contudo, sinto-me cansada. Outro dia conversaremos. Mas desejava saber o dia, a hora e o local do casamento de teu amigo. Vou rezar por ele, já que te ajudou tanto.

– Já está tudo assentado, será no próximo dia sete, às 17 horas, na igreja de Santo Antônio, e me sinto feliz: seremos, papai e eu, os padrinhos.

* * *

Quando os noivos penetraram no pequeno templo católico, outros convivas lá se encontravam. Ninguém, a não ser Giovani, deu-se conta de que uma senhora, sóbria mas elegantemente vestida, procurando ocultar a fisionomia triste sob um véu preto, se encontrava num dos bancos da frente.

Enquanto o padre Giácomo celebrava a cerimônia, entre sorrisos enternecidos dos noivos, a dama elegante abafava um soluço de tardio arrependimento.

Ela se erguera, dera os primeiros passos em direção à saída, quando lhe tocaram no ombro.

– Senhora, não vá ainda.

Face a face com Giovani, Margarida sentia-se desfalecer. Ele a amparou e chamando-a à realidade, fez um pedido:

– Venha, senhora, venha abraçar e abençoar seu filho no dia mais feliz de sua vida.

– Senhor, o meu profundo e eterno reconhecimento. Sei que meu filho é um homem honrado e isso lhe devo. Sim, quero abraçá-lo, mas com sua promessa de nunca lhe dizer quem sou. Tenho sofrido, mas é justo que pague bem caro o meu erro, o meu orgulho. Era tarde demais quando me arrependi do ato impensado; segui meu marido em sua loucura e, creio, fui a única a sofrer. São 23 anos de martírio.

– Seque as lágrimas, senhora, e venha.

Mãe e filho estavam frente a frente. Um abraço carinhoso, amigo, e foi tudo. Ela se retirou do templo. Fora, uma carruagem aguardava.

Finda a modesta festa, Ângelo lembrou-se de perguntar ao pai quem era a desconhecida que o abraçara com tanto ardor na igreja.

Giovani teve ímpetos de dizer a verdade, mas não trairia o desejo da nobre senhora e, sob aparente calma, respondeu:

– É uma velha conhecida, pessoa de posses que muito nos auxiliou a mim e a tua mãe, em nossa mocidade. Tenho por ela gratidão e, por isso, sem que soubesses, convidei-a para a cerimônia religiosa.

– Pois então desejava conhecê-la melhor, papai. Seus amigos são também os meus. Mas estranho que não me tenha falado dela antes.

– Há anos que não a via e talvez não houvesse oportunidade; esquecimento, qualquer coisa. Mas é tarde, filho. Desejo-te, como à nossa boa Luiza, todas as venturas; que sejam tão felizes como fomos eu e tua mãe.

Beijou o filho, a nora, e se retirou para seu pequeno quarto.

Soluçava baixinho e agradecia a Deus aquele dia abençoado.

* * *

Cinco anos se passaram. Grassou na cidade estranha epidemia. O primeiro a ser colhido foi Giovani; baldados os recursos, entregou a alma ao Criador. Ângelo chorava a morte do pai, quando Luíza e um dos filhos (tinha dois) foram acometidos da mesma febre. Dias de luta e sofrimento e novo luto o cobriu em cheio.

Foi resignado ante a vontade do Céu. Queria viver para o filhinho que ficara. Ele seria sua glória e seu futuro. Magda e Florindo, expondo as vidas, ali estavam, presentes a todo o sofrimento, lutando pelos amigos. Mas Ângelo, dentre as provas expiatórias, devia perdê-los também e em poucos dias se viu completamente só.

Passou o verão. E outros verões vieram. A alma solitária do enjeitado, por vezes, sentia desânimo. Orava com fé e ardor e novas forças o dominavam. Esforçava-se para ajudar a todos os que eram visitados pela incompreensão, pela doença, pelo infortúnio. E assim se fez pregador. Algum tempo depois entrava para a Ordem dos Franciscanos.

Como padre foi um exemplo, como homem foi um caráter especial, como filho adotivo foi dedicadíssimo. Faleceu aos 58 anos de idade. Roma chorou a morte do Padre Ângelo, o benfeitor incansável, o caridoso e puro de coração.

Entre aquele povo que o venerava, que com lágrimas acompanhava seu féretro, duas senhoras, de olhos tão azuis quanto os dele, seguiam lacrimosas, jamais pensando que acompanhavam o corpo do próprio irmão.

Por anos a fio, velhos fieis acendiam no túmulo do padre Ângelo suas velas de agradecimento por graças obtidas

Ângelo vencera difícil prova. Outras viriam para sua completa libertação.

5
A imagem da virgem

Ao deixar o mundo físico, Ângelo sentia-se como em doce sonho; transportado por mãos suaves, ouvia sons claros e harmoniosos; percebia, à sua volta, uma claridade diferente. Sorria, enquanto pensava: "Que doce paraíso! Permita Deus que este sonho se prolongue por tempo indefinido. Como é bom dormir, deixar a terra com suas dores e misérias, com suas riquezas e ilusões".

E o sonho se prolongava. Entrava agora em encantadora vivenda, cercada por extenso jardim. Flores de vários matizes exalavam suave perfume. As mãos que o sustinham puseram-no no solo e ele teve a sensação de pisar em macio tapete, e estranhou. Onde seus sapatos grosseiros? Os que usava no momento eram leves e deixavam passar aos pés as sensações de temperatura, aspereza ou maciez. Sorriu e disse consigo:

– Parece que sonho com o paraíso tantas vezes descrito por monges, padres e outros religiosos. Quando eu acordar tudo se acabará; voltarei à minha igreja, aos meus fieis, e novamente ao contato com almas aflitas que me pedem conselho, almas sofredoras, que buscam lenitivos sem os encontrar. Estarei junto de ricos e pobres, velhos e crianças na maioria se lamentando, dizendo palavras sacrílegas, sofrendo por vezes pela própria insensatez. Oh! Se pudesse permanecer nesse retiro de paz, onde ouço música em vez de soluços, onde há luzes e não trevas... Durmo e sonho... Que lindo sonho! Vejo meu pai diferente; está mais belo, mais remoçado. Por que usará túnica branca? Será uniforme dos anjos? Sim, ele era um anjo bom, que me acolheu e me deu sua sabedoria. E a mamãe Isabel, toda de azul, risonha por ver o filho adormecido... Quando eu acordar...

Ele nem havia percebido que estava sentado numa grande poltrona de veludo azulado. Os olhos cerrados continuavam a ver a beleza, o esplendor, a nota harmônica daquele retiro. Queria abri-los, e sentia receio. Tão bom continuar sonhando! Voltou o pensamento à sua igreja, aos seus fieis. Precisava acordar. A madrugada o esperava; abriria os olhos, abriria as janelas. Iria respirar o ar puro, olhar as últimas estrelas e começaria novo dia...

Devagarinho, temendo a surpresa da realidade, Ângelo abriu os olhos.

– Deus! Onde estou? Continuo sonhando? Este não é meu modesto alojamento... Estou entre riquezas.

– São as riquezas espirituais, meu bem-amado filho. Tu as conquistaste por ti próprio, quando aprendeste a ser resignado ante a Lei Suprema. Tu as conquistaste pelo amor ao próximo; deste muito de ti mesmo em benefício daqueles que, na terra, passavam por muitas amarguras.

– Papai! O senhor novamente junto de mim! E também mamãe! Mas isso é felicidade demais. Meu Deus, eu não mereço tanto. Por que estamos novamente reunidos?

– Porque, filho, deixaste ontem o mundo terreno e por tuas obras lá realizadas, tiveste mérito para habitar este lugar. Voltarás a reconhecê-lo: aqui já estiveste antes de teu ingresso na vida física. Estamos todos nós no Lar Unido.

– Esse nome me traz certa recordação, contudo não posso precisar qual.

– Não importa, filho, a memória te voltará, e gradativamente reconhecerás entidades que te são afeiçoadas há longo tempo.

Ângelo, sentindo leve entorpecimento, cerrou os olhos novamente. Pelo sono se refazia, deixava os últimos pensamentos terrenos.

Sem noção do tempo transcorrido, ergueu-se da poltrona, pisou firme e caminhou. Ao seu encontro vinha Kelag, e a memória lhe voltou por completo:

– Meu bom amigo, que bom ver-te de novo! E agradecer, com amor e carinho, o muito que por mim fizeste. Hoje vi meus pais; onde estão agora?

– Vem comigo, Ângelo; eles te aguardam junto ao nosso diretor.

Atravessaram pequeno pátio; luzes de diversos matizes, odores delicados por toda parte, música leve e suave.

Kelag tomou o braço do amigo e subiram os três degraus de mármore luzidio. Ângelo sentia pulsar o coração quando uma porta se abriu à sua frente.

– Entra, Ângelo, e agradece ao Pai e a ti mesmo a tua luz. Ontem eras um rebelde, hoje um espírito a caminho do Senhor.

Ele ajoelhou-se contrito e orou:

– Deus, que és Pai, aqui está vosso humilde filho. Perdoai-me os erros passados e levai-me a trilhar o caminho do bem. Jesus, Virgem Maria, aqui estou rendendo graças por tudo quanto me foi dado, pelos dias felizes e pelos tristes que vivi na face da terra. Senhor! Peço por aqueles que lá ficaram, pelos certos e os errados, pelos ricos e pelos pobres, por todos os que têm provas e expiações a passar, pelos mentores que lá se encontram guiando as almas indecisas. Pai, sei que pelos meus erros passados, ainda sou um devedor que muito tem a resgatar. Possa eu, em breve, me tornar digno da confiança do Alto. Dai-me Vosso amparo e a todos os Vossos filhos, meus irmãos.

Um coro de vozes respondeu junto a ele: – Assim seja!

Ângelo ergueu-se e, ao se voltar, viu que os braços de Plauto lhe eram estendidos. Giovani, Isabel, Kelag e Pedro estavam presentes. Em todos os corações havia a doce paz dos vencedores.

* * *

A comunidade vivia em intenso trabalho. Na terra, em diversos países, havia lutas sangrentas. Dali, como de outros lugares no Espaço, saiam diariamente turmas de socorro aos vitimados.

Ângelo, lembrando de si próprio, quando na figura de Hunan espalhava o terror, a morte, a destruição, foi um dos mais valorosos servidores.

A situação perdurou por longo tempo, mas ele muito se beneficiou por sua dedicação, pelo amor aos que sofriam, pelo desprendimento demonstrado.

Horas mais calmas vieram, e foi quando Ângelo pediu ao diretor a oportunidade de novamente voltar à terra.

– Sim, amigo, poderás voltar, mas não há pressa; vens, com teu serviço, te habilitando a novos encargos.

– Plauto, vou ser sincero. Sinto-me amargurado, consciência pesada. Vejo luzes por toda parte e não tenho direito a elas. Quando as vejo, lembro-me nitidamente da jovem que outrora ceguei pelo prazer da maldade e a mesquinhez da posse. Esse quadro tétrico me faz sentir miserável pecador desfrutando das delícias do Éden.

– Se assim é, providenciaremos junto aos nossos Maiores o teu ingresso na carne, tão logo surja a oportunidade.

– Mas ainda há mais, Plauto; sinto-me, contudo, desencorajado a falar, sinto que estou abusando de tua complacência, e no entanto...

– Já percebi aonde queres chegar: desejas usar um corpo feminino para que o resgate seja completo, não é isso?

Ângelo, perdendo o constrangimento, sentiu-se feliz por o diretor ter lido com precisão o seu pensamento.

– Exato. Desejo mesmo, se possível, passar pelos mesmos tormentos e em idênticas condições às daquela jovem.

– Bem, perfeitamente igual não será; deves estar lembrado que ela mesma, àquela época, ainda era criatura que se prendia a vinganças mesquinhas. Contudo, sofrerás cegueira. Estás bem certo de ser forte ante essa terrível expiação?

– Terrível, mas necessária e justa.

Plauto nada disse; abraçou o amigo e deu por terminada a entrevista.

Após algumas semanas, Ângelo, a chamado do diretor, voltou à sua presença. Sua fisionomia, sempre serena, demonstrava algo indefinido, dir-se-ia de preocupação. Seu aspecto era grave e até o som da voz pareceu a Ângelo um tanto diferente, quando Plauto, sem rodeios, revelou o motivo da entrevista:

– A hora é chegada, Ângelo, e neste momento, mais do que nos outros, precisamos de tua boa vontade, de teu discernimento, coragem, energia, e sobretudo, de forte abnegação.

– Estou pronto, e praza a Deus que eu não falhe nos propósitos que me animam.

– Deus seja louvado – respondeu Plauto, agora sorridente. E continuou, sério:

– Vou então revelar-te a ficha de trabalho que levarás para a terra. Voltarás a um país asiático, à China, onde graves delitos praticaste outrora. O progresso ocidental muito te favoreceu na última existência. Não quero dizer que a China seja atrasada. Em todos os lugares, Oriente e Ocidente, Norte e Sul, existem luz e trevas. Países diversos nos deram anjos e demônios, intelectuais e ignorantes, pobres e ricos de espírito. Tivemos Confúcio, mas também Gengis-Khan; tivemos Nero e Jesus. Não é a raça, não é a pátria nem a religião que nos tornam piores ou melhores. Somos maus ou bons dependendo de nosso despertamento íntimo. Tu, depois de errar, afinal caminhaste ao encontro da Luz. Conquistaste por ti mesmo a confiança de nossos mentores e agora, é te sustentar no propósito de bem servir.

Tua cidade natal será Shangai, porém não pertencerás à raça amarela nem ficarás lá até o final de tua existência. Teus pais, ricos comerciantes franceses, voltarão à pátria em busca de recursos para teus olhos. Eles estão residindo em Shangai há três anos, anseiam por um filho e tu serás a alegria e mais tarde a tristeza de suas vidas.

Ângelo, confiamos em ti, em tua força de seguir as pegadas do Mestre. Na terra, distribui teus conhecimentos cristãos. Ama o próximo, combate o egoísmo e a vaidade perniciosa. Tem fé e resignação quando fores atingido pelo sofrimento. Não verás a luz do dia, mas outra luz brilhará, mais radiosa, mais bela e duradoura. Estás preparado e creio não precisar dizer-te mais nada. Aqui tens tua ficha, podes ler.

Ângelo leu e releu. Sabia a tarefa que naquele momento recebia. Sorrindo, devolveu-a cheio de esperança e, profundamente grato, estendeu a mão ao diretor.

– Plauto, vou esforçar-me para estar sempre à altura de

sua confiança. Farei tudo para ir além do que esperam de mim, recuperando ainda mais o tempo que desperdicei.

A pedido de Ângelo, não houve despedida. Orou com fervor horas antes de Kelag se apresentar para levá-lo ao berço natal.

* * *

O criado chinês entrou, anunciando a ceia. Louise, recostada num divã, folheava uma revista francesa. François, o esposo, sentado numa poltrona, a observava e em pensamento dizia: "É linda, linda. Ah, se tivéssemos uma filha, seria tal qual a mãe".

Ela fechou a revista, olhou o marido e sorriu. Ele, erguendo-se, foi busca-la, e de braços entraram na grande sala. Os primeiros pratos foram servidos e também o vinho. Saboreavam a refeição com prazer, quando Louise teve um gesto que não lhe era habitual. Empurrando o prato, chamou o chinês. Mao-Fu, nas pontas dos pés, sempre reverente, retirou o prato servido, colocando outro em seu lugar.

– Não é preciso, Mao-Fu, não tenho fome.

– Sentes alguma coisa, querida?

– Não, estou bem; por um momento senti repugnância, creio não estar habituada a esse prato nacional. Darei ordens ao cozinheiro para que não o faça mais.

– É melhor; sem desgostar dos pratos chineses, ainda prefiro os nossos.

– Quando são bem feitos – arrematou Louise.

Findo o jantar, Mao-Fu trouxe frutas e licor. Louise recusou-os, enquanto François se serviu a vontade. Agora ela é quem admirava o marido. Analisava seus belos traços. Sua tez morena, os belos olhos castanhos, os cabelos levemente ondulados onde uns fios de prata começavam a surgir. Achava-o nobre de caráter; filho de pais ricos, não tivera hesitação de desposá-la, ela que era filha de modesta costureira de Paris. Eram noivos quando ele manifestou desejo de ir viver na China. Um amigo seu ali enriquecera, e ele não queria viver às custas dos pais. Ela não dera muito crédito às suas palavras, e no entanto, ali estavam havia três anos. Embora saudosa da

França, gostava de Shangai. Os usos e costumes diferentes a divertiam. Eram tão apaixonados, vivam tão felizes, que não tinham tempo para a nostalgia, tão frequente entre os estrangeiros que vivem longe da pátria.

Após a ceia, o casal voltou à antessala. François envolveu a esposa nos braços e a fez sentar-se a seu lado. Mas, repentinamente, Louise sentiu outra vez a estranha sensação de náusea e se fez pálida. Procurando ocultar do marido, virou o rosto, porém o mal-estar continuava. Não podendo mais disfarçar, chegou-se mais a ele:

– Querido, não me sinto bem, talvez deitada consiga melhorar.

François levou-a nos braços até o quarto, e ele próprio ajudou-a a se despir.

– Melhor, querida?

– Sim, é um mal passageiro; talvez cansaço pelo passeio que fizemos ontem, ou talvez uma indisposição qualquer. Amanhã estarei boa.

– E se não estiveres, chamarei o doutor Wang-Li-Ho. Ou seria melhor chamá-lo agora? Sim, creio que farei isso. Se precisares de algo, bate a sineta, Mao-Fu virá atender-te.

Louise ainda sentia uma certa tontura quando o marido regressou acompanhado do médico. Ele, após rápido exame, sorriu satisfeito; de há muito conhecia esses sintomas. Pedindo a François que se retirasse por alguns instantes, dirigiu-se a Louise em perfeito francês:

– Madame, orgulho-me de dizer que não estou errado no meu diagnóstico. Dentro em breve a senhora será mãe. Pedi ao amigo que saísse porque será a senhora e não eu a lhe dar tão grata notícia – e despediu-se, feliz.

– E então, doutor? Não há gravidade no estado de minha mulher?

– Não, meu bom amigo. Vá para junto dela, seu criado me acompanhará – estendeu a mão gorducha e saiu apressado.

– Ora, querido, não te inquietes. Afinal, estamos casados há três anos e já era hora de ver nosso lar aumentado. Tu serás papai dentro em breve.

François não se conteve, debruçou-se sobre a esposa e

cobriu-a de beijos.

– Mãe, tu serás mãe! Quanta felicidade. Oxalá Deus nos envie uma menina, tão bela quanto a mãe. Agora precisas de repouso e distração; precisas te alimentar bem; e quanto estiver próximo voltaremos a Paris.

– Não, meu amor, nosso filho foi gerado aqui e aqui nascerá. Temos sido felizes nesta terra esquisita, mas encantadora. Mais tarde, quando teus haveres estiverem consolidados, quando não mais precisares estar à frente dos negócios então voltaremos à nossa pátria, à nossa querida Paris.

Meses mais tarde, sob os cuidados do dr. Wang-Li-Ho, Louise dava à luz uma menina. O nome – Michele – foi escolhido por François, muito antes do nascimento.

Embora o parto tenha sido laborioso e difícil, a jovem mãe se refez depressa. Deixou de lado as festas que tanto a encantavam, os passeios, as visitas, para se dedicar de modo absoluto à filhinha.

Michele cresceu num clima muito afetivo e bastante luxuoso. Teve, desde os primeiros anos, brinquedos caros, pulseirinhas de ouro, anéis de pedras preciosas, lindas roupas, sem falar nos presentes de aniversário que eram sempre do melhor gosto e de valor inestimável. Assim se fez mocinha. Da França viera, para ensiná-la, um bom professor. Já dominava perfeitamente o francês que aprendera na infância com os pais e o mestre, o inglês e o chinês com outros professores residentes ali em Shangai.

François fazia preparativos e ultimava negócios para regressar à França, quando se deu a tragédia.

Louise saíra com Michele para umas compras. Entraram em bazares diversos, em casas de especialidades japonesas, onde objetos de arte eram uma tentação para as pessoas de fino gosto. A jovem se encantara com uma miniatura budista e estava examinando-a atentamente, quando um estrangeiro de cabelos ruivos se pôs a mirá-la de modo estranho. Louise se afastara da filha para efetuar o pagamento e, ao voltar, não a viu mais. Chegou à porta, olhou a rua, bastante movimentada àquela hora, e então chamou alto: -Michele! Michele! – O pequeno japonês que antes a atendera informou que a mocinha saíra com um cavalheiro de aspecto distinto.

– Mas como? Quem era esse cavalheiro? Que direção tomaram?

– Não vi bem, mas creio que tomaram um riquixá, pois logo desapareceram.

Louise não se continha mais de aflição, quando entrou em casa sem a filha. François não estava e ela pôs Mao-Fu à sua procura.

Já era noite alta quando bateram à porta da rica vivenda. Louise tinha os olhos vermelhos de chorar e o marido, fisionomia abatida, andava de um lado a outro, aguardando informes da polícia local.

François correu a abrir a porta, mas um grito lhe escapou:

– Filha! O que aconteceu?

Um soluço triste foi a única resposta. Michele deu um passo à frente e François a tomou nos braços, indo deitá-la no grande divã.

– Minha filha, o que tens? Estranho o teu olhar... Houve alguma coisa contigo? Por que desapareceste deixando tua mãe desesperada?

– Michele, que susto me pregaste! – disse Louise num tom de censura – Por que te afastaste de mim? E por que voltas tão tarde e em pranto? Não chores, não vamos castigar-te, mas explica o teu comportamento, que nos parece ridículo; afinal, chegamos, teu pai e eu, a pedir auxílio à polícia.

A moça, sem forças para sentar, levou as mãos aos olhos e respondeu com voz entrecortada de desespero:

– Mas então não perceberam ainda a minha desventura? Mamãe, papai, que será de mim?

Louise se assustou com o tom amargo e aflito da filha e voltou a perguntar, agora com a costumeira meiguice:

– Filhinha, o japonês da loja me disse que saíste com um cavalheiro de aspecto distinto; tu nunca fizeste isso, por que saíste com um desconhecido e o que houve depois? Fala, nós não te acusaremos, mas precisamos da verdade. Onde passaste o resto do dia e por que regressas tão tarde?

– Sim, minha filha, queremos saber onde estiveste e por que te sentes desventurada? Aqui estamos para ajudar-te, seja qual for o teu erro.

– Oh, papai, a verdade é tão dura, tão cruel que eu preferia desaparecer a lhes revelar o sucedido.

– Filha, quer dizer que... o estrangeiro abusou de ti? – perguntou François, completamente arrasado.

– Não, meu pai, essa crueldade não se consumou, graças da Deus, mas a história é longa e o senhor e mamãe precisam ser fortes, bastante fortes mesmo para conhecê-la em todos os detalhes.

– Seremos fortes, Michele, mas o que há de terrível em tudo isso? Sinto, pela tua voz, que sofres muito, e no entanto não estás ferida, e já te controlas, pelo menos aparentemente – disse Louise, afagando os cabelos louros da filha.

– Vamos, Michele, estamos desorientados, é necessário que nos esclareças.

– Pois bem... Não há mais ninguém na sala?

– Vê com teus próprios olhos, filhinha, podes abri-los.

– Aí é que está a minha desgraça...

– Michele!! – foi a exclamação que partiu a um só tempo do casal, trêmulo e angustiado.

– O que queres dizer? O que há com tua vista? Tira as mãos. Quando entraste notei algo estranho em teu olhar, mas me pareceu que enxergavas perfeitamente; estarei enganado, santo Deus?

– Mamãe, papai, é bom que saibam logo, não há outro jeito, não posso lhes esconder a triste realidade, e no entanto como desejaria poupar-lhes esse desgosto...

Michele tirou as mãos que cobriam o rosto, abriu os olhos e hesitou antes de dizer, mas afinal se decidiu:

– Na verdade, eu não os vejo, como não vejo nada à minha volta; não sei se é dia ou noite, estou mergulhada em densas trevas. Mas é bom que ouçam desde o princípio.

– Não, Michele não fales, talvez estejas apenas esgotada; vou chamar o médico e tu repousarás enquanto o esperamos.

– Não, papai, não é esgotamento não quero o médico; sei que seria inútil a sua presença. Minha cegueira não é passageira. Mas estou satisfeita comigo mesma, tenho a consciência em paz; não permiti que fosse ultrajada pela desonra.

Quero contar tudo, e depois me levarão para a cama e dormirei, esquecerei tudo que passei... Deus me salvou de um mal maior.

– Fala então, minha filha, liberta-te do que te aflige.

– Mamãe, lembra-se que estávamos juntas quando desviei a atenção para uma miniatura budista? A senhora tinha ido pagar a conta e talvez não tenha notado o que se passou.

– Não, Michele, nada vi; quando me voltei não estavas mais e o japonês informou que havias saído com um cavalheiro. Por que fizeste isso, minha filha? Nunca se fala a pessoas estranhas, não se aceita convite nenhum, por mais tentador que seja. Não posso compreender que o tivesses seguido.

– Sim, mamãe, eu sei tudo isso; jamais me desviei de seus conselhos. Mas o que aconteceu nem eu mesma posso explicar. Foi como uma força estranha, misteriosa, compulsiva. Quando apanhei a miniatura que tanto me interessou e ia lhe pedir que a comprasse, surgiu à minha frente uma mão vigorosa e, diante de meus olhos atônitos, apareceu outra miniatura, mas que representava uma serpente. Era alva, com nuances azuladas, e me pareceu, agora não estou mais certa, que crescia e diminuía com estranha rapidez. Aos poucos, segura por essa mão firme que vira, ela foi se afastando e eu a seguia, fascinada. Depois, não me recordo, creio que sob esse fascínio, havia uma força misteriosa, que me tirou completamente a consciência.

Quando voltei a mim, me vi num lugar incrivelmente silencioso; pareceu-me um templo. As paredes eram revestidas de um material luminoso e colorido; havia ora penumbra, ora luminosidade, e um odor constante de sândalo. O mobiliário era escasso, porém rico; um divã recoberto de brocado com fios de ouro e prata. Sobre ele, uma grande almofada de veludo verde, bordada com um dragão todo em pérolas e pedrarias, como safiras e rubis. Um pesado tapete cobria todo o piso.

Defronte ao divã, outro móvel também luxuoso, não sei o nome, nunca o tinha visto: era uma espécie de estante, com colunas de mármore, partes espelhadas e outras em marfim. Eu estava em pé entre essa estante e o divã, quando me senti desperta; estaria dormindo antes? Fiquei amedrontada e quis fugir; foi quando notei que ali não havia portas e janelas, era simplesmente uma grande sala sem saída. Sentei-me no divã, analisei tudo que me cercava e por mais que me indagasse como e por que estava ali, não encontrei solução. Outra coisa: eu não tinha a menor recordação de vocês, da nossa casa, de nossa cidade. O perfume de sândalo penetrava-me as narinas, cada vez mais intenso.

Levantei-me e, ao olhar novamente o móvel defronte, tornei a avistar a serpente. Ela se refletia em todas as partes espelhadas, parecia mover-se, crescer, diminuir. Eu estava fascinada. Mas senti que alguém se aproximava às minhas costas. Os passos eram leves e abafados, mas podia ouvi-los naquele silêncio profundo.

De repente fui erguida como uma pluma e me vi deitada no divã. Quis falar, perguntar onde estava, mas a voz não saía. Como que por encanto, uma figura masculina apareceu junto a mim. De rosto velado, eu só lhe via os olhos, negros e penetrantes. Eles foram se aproximando mais e mais e a um palmo do meu rosto, o desconhecido deixou cair o véu. Então gritei apavorada; tremia e sentia frio. Uma mão tapou-me a boca e o ouvi dizer:

– Afinal, tenho-te para mim, mulher que me fascina; tua branca pele me entontece, teu aroma é fonte de desejos. – Ele falava em chinês, mas havia em sua pronúncia qualquer coisa diferente, que eu ainda não ouvira. Mas não demorei a saber sua origem. Em sua face havia enorme cicatriz.

Agora bem junto de mim, sentia arfar-lhe o peito. Sentia-me presa e quis lutar. Quando sua face tocou a minha reagi com todas as forças e então, em vez de gritar e esbravejar, chamei-o à razão: que ele explicasse o porquê de sua atitude, por que me aprisionara, eu, uma desconhecida, o que queria de mim se eu nada tinha para lhe dar senão o desprezo. Ele recuou e então encarou-me frente a frente; seu olhar queimava. Continuando a fitar-me, se pôs de pé, cruzou os braços e disse lentamente:

– Foste trazida até aqui por um dos meus súditos. Não ordenei a tua vinda; te vi uma única vez, e por eu ter falado na "bela moça branca", ele, sem prévia consulta, mas usando a serpente mágica, atraiu-te ao Templo da Deusa Branca. Na minha terra, na Índia, não desejamos quem nos despreza. Se eu recebesse o amor da mulher branca, a nossa deusa a faria rainha poderosa, mas recebendo teu desprezo, ela, por vezes impiedosa e cruel, nos sugere o castigo que essa afronta exige.

– Castigo? Eu serei castigada? Mas por quê? Nada fiz, nem sequer te conheço, e além do mais, não acredito em nada do que dizes. Creio mesmo que fui raptada, sequestrada, por ordem tua, e naturalmente exiges resgate pela minha libertação. Não te preocupes, meu pai é rico, não há necessidade de me amedrontares com castigo. Onde é a saída? Leva-me daqui, este lugar com tanto luxo é frio e tenebroso.

– Mulher branca, estás, com tua irreverência, atraindo a ira da Deusa Branca. Ainda há tempo de te salvares, basta uma palavra tua me oferecendo amor.

– Estás louco! De mim receberás sempre o desprezo, e isso porque no meu coração não existe lugar para o ódio.

– Insensata! Pagarás pelo teu orgulho. Vou mostrar-te à Deusa Branca e aguardar as suas sugestões – e assim dizendo, o indiano se voltou e correu uma das partes espelhada. Vi então o quadro que jamais esquecerei. Num fundo azulado, se destacava grande estátua branca. De seus ombros pendia uma capa de veludo vermelho, toda bordada de pedrarias. Sob ela, alva túnica em pregas brilhantes. Os olhos, profundamente negros, tinham vida e tomavam diversas expressões. Em sua mão direita pequeno bastão de ouro parecia-me ter movimentos oscilantes.

O indiano fez várias reverências, depois deitou-se, bateu a cabeça no chão várias vezes, ergueu-se e fez um sinal de agradecimento. Correu novamente o espelho e voltou-se para mim.

Senti um arrepio quando ele se aproximou. Olhou-me demoradamente. Em seu olhar havia um misto de atração e compaixão. Fiquei imóvel, mas meu coração batia acelerado. Qual seria a minha sentença? Até então eu o julgava um mistificador, tentando me impressionar, mas agora estava absolutamente certa de que havia realidade em suas palavras.

Não recuei quando ele se aproximou mais e também não

fiz o menor gesto para detê-lo, quando ele, com ambas as mãos, segurou o meu rosto e inclinou-se para beijar os meus olhos. Apenas os fechei, como se já esperasse aquele gesto. Ele os beijou, um beijo longo e quente. Eu não os abrira ainda quando ele disse, calmo mas com certo tremor na voz:

– Mulher branca, serás conduzida a tua família dentro de poucas horas. Foi pena que com tua teimosia tivesses atraído a ira de nossa deusa e merecesses receber tão duro castigo. Teus belos olhos estão fechados, mas abertos, estarão sempre fechados para o mundo e para os homens. Podes abri-los, bela mulher branca, e nada verás, nem mesmo a mim que fui involuntariamente a causa de tua desventura.

Lentamente abri os olhos; sabia que suas palavras eram verdadeiras, mas respirei aliviada: não passaria por coisas piores, eu voltaria ao lar tão pura quanto de lá saíra. Ele, como adivinhando os meus pensamentos, voltou a falar, agora mais seguro de si:

– Senta-te e ouve: és bela, mas mais bela é a tua alma; preferiste o castigo a entregar-te sem amor. Por isso saíras daqui com vida e voltarás para tua família. Porém, aviso-te do perigo que correrás se teus pais buscarem vingança. Procura esquecer este momento, esquecer o que viste e de mim próprio. Jamais alguém soube o meu nome, mas a ti vou revelá-lo: estás ao lado do príncipe El-Rama-Y-La. Estás livre desde este momento.

Bateu palmas e senti, pelas pisadas, que alguém se aproximava. Ouvi a ordem:

– Conduz a jovem ao seu lar; passa pela porta secreta número três, toma cuidado para que nenhum mal lhe aconteça e que não haja suspeitas; some assim que a deixes em casa.

Um véu foi colocado em meu rosto, e a mão de outro foi me guiando. Atingimos a rua, e fui ajudada a subir num veículo e após uma hora aproximadamente descemos. Meu condutor tirou-me o véu e disse: – Chegamos.

Foi ele quem bateu à porta e partiu, creio que sem deixar rastros. Fiz o que pude para que nada notassem quando entrei, mas não pude evitar um soluço quando ouvi a sua voz, papai...

Louise continuava afagando a cabeça da filha, mas lágrimas silenciosas corriam-lhe pelas faces. François foi o primeiro a falar:

– Estranho tudo isso... E como podia apenas um beijo produzir a cegueira? Não, esse infame deve ter usado veneno ou coisa semelhante. Mas ele vai pagar; não descansarei enquanto não o vir pagando o seu nefando crime. Já temos uma boa pista: seu nome e a cicatriz do rosto.

Michele procurou, tateando, o braço do pai, e com voz segura, foi categórica:

– Não, paizinho, o senhor não fará nada. Primeiro porque já fomos advertidos do perigo que esse gesto acarretaria, e segundo, porque ele é menos culpado do que parece. Todas as religiões têm seus ritos, e todos os fieis obedecem a suas seitas. Nós também temos o nosso Deus, bom e justo, e se Ele permitiu que isso acontecesse, é porque assim deveria ser. Aceitemos essa prova e encerremos o assunto. Dentro em breve estaremos na França e tudo será esquecido.

– Mas, Michele, não vês que é impossível eu cruzar os braços?

– Papai, agir, de qualquer forma seria buscar a vingança, e esse sentimento rebaixa as criaturas. Eu o quero sempre nobre como tem sido. Se houve crime, o criminoso responderá a Deus, disso estou certa; mas não lhe desejo nenhum mal. Afinal, não me maculou, foi até digno, já que eu era presa fácil naquele momento.

François beijou-lhe as faces:

– Filhinha, tu és boa demais, teu coração, na arte de perdoar, chega a ser divino. Tu hás de ficar boa, o nosso Deus não vai nos desamparar. Estás com sono? Vou te levar ao quarto; vamos, Louise?

Ergueram-se os três, e minutos depois Louise, após ter mudado as vestes da filha, deixou-a na cama com a recomendação de chamar caso necessitasse de alguma coisa.

A sós, marido e mulher deram vazão à sua dor; ambos sofrendo, comentaram o fato, derramaram lágrimas pungentes e resolveram que embarcariam no primeiro navio. Seria melhor procurar o mais famoso médico de Paris, em vez de tentar os recursos do dr. Wang-Li-Ho. Deixariam a casa para que os amigos a desfizessem; agora, isso pouco importava.

Logo cedo foram ver Michele. A jovem dormia calma, serena, mesmo seus lábios pareciam sorrir. É que do Alto, sem que seus pais suspeitassem sequer, a proteção de Kelag e de entidades iluminadas se fazia presente.

– Como é sublime nossa filha, François; esta menina sabe superar todos os sofrimentos. Foi preciso essa tragédia para que a conhecêssemos integralmente. Nunca a supus dotada de tanta força íntima.

Louise acompanhou o marido até a porta, deu algumas ordens aos criados e voltou para ajudar Michele a se vestir. Porém encontrou-a pronta e sorridente como sempre fora. Seus cabelos já estavam penteados, havia feito a higiene matutina e estava fresca e juvenil ao perguntar:

– É a senhora, mamãe?

– Sim, minha querida; venho para te auxiliar e te encontro tão bem como antes. Como passaste a noite?

– Oh, muito bem! Adormeci logo e tive um sonho maravilhoso: me vi cercada de anjos e todos eles me diziam que eu não veria as coisas do mundo, mas que outro mais belo me seria revelado. Acordei tão feliz e com a maior facilidade encontrei minhas coisas; não senti nenhuma dificuldade para me vestir, me pentear. Lastimo não ver a senhora e o papai; vou imaginá-los sempre belos, mesmo quando a idade chegar.

Não demorou e Mao-Fu entrou trazendo a bandeja de chá. Louise serviu a filha e ficou a admirá-la.

François passou a metade do dia fora mas, ao regressar, trazia a boa nova: um navio sairia dentro de poucos dias e tocaria o porto do Havre. Ele já estava com os bilhetes. Urgia agora preparar as malas. Enquanto fora estivera agitado, ali dentro, vendo Michele sorridente, se refez do abatimento.

Os dias seguintes foram agitados; arrumações, preparativos, visitas, despedidas, e em quase tudo a jovem tomou parte, exceto nas despedidas. Temia sair; em casa andava com desenvoltura mas fora, forçosamente teria inibições.

À véspera da partida, o dr. Wang-Li-Ho foi levar uns doces para Michele e só então inteirou-se do ocorrido. Examinou seus olhos e sua admiração cresceu.

– Não é possível, Michele, tens os olhos tão claros; talvez estejas impressionada, ou melhor, sugestionada com o caso. Teus olhos estão mais belos do que nunca; faz força para enxergar, garanto que se quebrará o encanto.

– Vou tentar, meu bom doutor, e depois lhe escreverei dando o resultado, mas não ficarei triste ou decepcionada se o seu conselho não der certo.

O médico se despediu: – Amanhã estarei no embarque e quero ver-te mais radiante que hoje, Michele.

Precisamente às dez horas a família estava para embarcar, os amigos davam os últimos abraços e naquela confusão ninguém notou que um homem em trajes chineses, mas de feições completamente diferentes, raspou por Michele e lhe murmurou ao ouvido: *Pardonez-moi, mademoiselle*, e sumiu no burburinho. Mas ela reconheceu a voz e intimamente disse: "Estás perdoado".

François, dando o braço à filha, embarcou-se; Louise subira à frente, e os três se instalaram com o relativo conforto que a embarcação oferecia, para a longa viagem.

Nos primeiros dias Michele sentia-se quase entediada. Não via e sentia profunda penas dos pais, que procuravam descrever os companheiros de viagem, a cor do céu, das águas, com todo o realismo, para que ela tivesse a melhor impressão possível. Mas o tédio foi cedendo lugar a novos interesses. Não via, mas podia ouvir conversas agradáveis. Um sacerdote malaio sempre se chegava a ela e trocava impressões sobre literatura, artes e vários assuntos. Já eram amigos, quando, por uma pergunta casual, Michele lhe contou toda a sua vida, até mesmo o estranho episódio em que perdera a visão.

– Filha – lhe disse o sacerdote – tenho viajado pelo Ocidente, mas minha origem é oriental e minha vida tem sido mesmo nos países orientais. Conheço portanto a Índia, com seus mistérios, e já ouvi falar nos ritos dessa, para nós, desumana seita. Sim, desumana, e não é o primeiro caso de castigo físico e brutal com que me defronto. Já vi um, de um jovem que profanou um templo e que perdeu os movimentos de um modo misterioso. Ajoelhou-se, comandado por uma força estranha, ao sair do templo, e jamais conseguiu desdobrar os joelhos. Vive ainda e se arrasta em movimentos lentos.

– Mas, padre, o meu caso é diferente; dizem meus pais e também o médico que olhou meus olhos que eles continuam normais, límpidos e claros como sempre foram. E no entanto, senti uma brasa nas pálpebras quando aquele homem os tocou com os lábios. Não era para ter vestígio de queimadura? Poderei, com o tempo, voltar a ver?

– Não sei, filha. Os povos orientais, inclusive o da minha terra, não generalizando, é claro, são dados à magia. Que forças usam, somos incapazes de compreender. Não podemos prognosticar, mas creio que assumem grande responsabilidade perante Deus. Tu, por exemplo, não te revoltaste, te sentes resignada, caminhas para o céu. E ele? Terá paz de consciência? O fogo do remorso não lhe queimará o coração?

– Padre, o senhor conhece Paris?

– Sim, Michele, visitei a França há apenas um ano. Passei lá quatro meses, sendo mais de dois em Paris. Por que me perguntas?

– Gostaria que me falasse nela. Podia ter sido meu berço natal, mas mamãe não quis sair da China, deixando papai, e também não quis que ele abandonasse seus negócios que naquela época, começavam a progredir. Eles já me falaram diversas vezes, contaram-me as belezas da cidade, ensinaram-me suas músicas, mas há tempos não a visitam. Desejo impressões mais recentes.

O sacerdote descreveu tudo o que lhe chamara a atenção, os usos e costumes daquele povo, o mais refinado de toda a Europa. Falava em francês, com um sotaque bastante perceptível aos que estavam habituados ao idioma. Por fim, com voz um pouco rouca, cantou duas canções. Michele ouviu em silêncio; naquele momento todo o seu ser vibrava de encantamento.

Ao entardecer, Louise se aproximava, sorria para o sacerdote, num gesto de agradecimento; vinha todas as tardes em busca da filha.

François, vez por outra, tomava parte na conversa, pois os dois amigos, Michele e o malaio, se reuniam todas as tardes.

Às vezes, após ter falado de diversos países Michele insistia que o amigo falasse na Malásia. Ele, satisfazendo sua curiosidade, passava horas inteiras revivendo um passado distante.

Grupos de viajantes passavam no tombadilho, falando alto em idiomas diversos. O padre os descrevia para a jovem, que por tudo se interessava.

Faltavam poucos dias para aportarem no Havre. Michele, embora esperançosa de cura em Paris, sentia certa tristeza. E foi com amargura que naquele dia conversou com o amigo.

– Padre, o senhor compreende bem as criaturas? Pode julgar se estão certas ou erradas?

– Michele, infalível só Deus, e a Ele cabem todos os julgamentos. Somos seus ministros na terra, mas com poderes limitados. Mas a que vem tua pergunta?

– Nem eu mesma sei dizer. Presumo que esteja temerosa de enfrentar um país que conheço tão bem por informações, mas que jamais conhecerei com a vista. Sinto uma esperança que me foge. Sou muito apegada aos meus pais. Não os vejo, mas devem ter ar tristonho, quando falam animados, quando riem, me fazendo crer que continuam felizes. Por isso pergunto ao senhor. Sei que é honesto, já me tem dado provas. Eles, na realidade, têm semblantes alegres ou tristes? Com o senhor posso desabafar. Ainda agora falei de esperança que me foge. Sinto que meus pais terão em Paris uma grande decepção. Vão levar-me aos melhores médicos, mas a sentença será sempre a mesma: "impossível, desconhecemos o mal de origem". Outros dirão: "sistema nervoso alterado, deve ter levado um choque traumático". Mas ninguém, nenhum deles poderá devolver o que Deus tirou. Sim, padre, não foi a vingança de uma deusa que me tirou a visão. Ela jamais teria poderes sobrenaturais. Aquele homem não teve culpa, serviu de instrumento do nosso Deus que reservou para mim este modo de viver. Estou provada na fé. Hoje mais que nunca, amo o Cristo Jesus, que nos deu o exemplo de humildade. Ele foi forte nos sofrimentos, por que não podemos ser? Estou certa ou errada?

– Michele, que idade tens?

– Dentro de dois meses completarei 17 anos.

– Acho-te demais amadurecida para a idade. Tens pensamentos de pessoa adulta com grande experiência da vida. És inteligente e culta, de modo que não vou filosofar, e tentarei responder às tuas perguntas. Na verdade, teus pais estão animados e confiantes. Esperançosos como estão, não chegam a manifestar tristeza. Se mais tarde essa esperança fugir, só Deus sabe como reagirão. Presumo que se isso acontecer, de início fiquem revoltados e percam a fé no poder divino. Então a ti caberá devolver-lhes a fé, a esperança e a alegria de viver.

– Satisfeita com essa primeira resposta, meu bom amigo. Agora desejo a mesma sinceridade quanto à outra que formulei a respeito de Deus.

– Filha, com evasivas não levarei bálsamo ao teu coração. Direi francamente o que penso e tirarás as devidas conclusões.

Na Antiguidade, os povos acreditavam em diversos deuses, quase todos vingativos e cruéis. Com Moisés vieram os mandamentos da Lei de Deus, mas ainda vieram os castigos. Depois o advento de Jesus. O meigo Nazareno sofreu, amou e perdoou. Mesmo quando pregado à cruz não teve um gesto de rancor; aceitou o seu martírio, foi o exemplo do amor, amou os inimigos, perdoando a todos.

Felizes daqueles que já sabem perdoar. Tu, Michele, isentaste o indiano de toda a culpa: foi o ato sublime do perdão, e todos os que sabem perdoar crescem para Deus. Se O amas, aceitas a adversidade como prova redentora. Crês então que vieste a este mundo com tal destino. Quanto a estares certa ou errada, não posso julgar. Diariamente vemos à nossa volta pessoas em diferentes graus de sofrimento, enquanto outros gozam a delícia de viver. Tenho alguns conhecimentos de teologia, mas longe de mim fazer comentários à Sabedoria Divina. Deus sempre está certo, os errados somos nós quando pretendemos criticar Suas obras.

Michele, com tua pouca idade, me tens dado, nestes dias, motivos para meditação. Podes crer, aprendi muito contigo.

– Padre Ohamana, graças a Deus, não sou pretenciosa, mas creio que amadureci para a vida. Antes, eu era apenas a moça rica, mimada, coberta de joias, cercada de futilidades.

– Michele, vamos nos separar dentro de dois dias. Eu aprendi a querer-te como filha. Onde eu estiver, estarás em minhas orações, não serás esquecida. Teus pais precisam de ti; se a tua esperança fugir, ficarás firme, mas eles vacilarão e tu serás o farol a guiá-los pela vida afora.

– Bom amigo, suas palavras me fizeram infinito bem. Não esquecerei seus ensinamentos. Quero sua promessa de que, indo a Paris, irá nos procurar. Papai e mamãe lhe são muito gratos; eles sabem o quanto me tem incentivado.

– Michele, tua mãe se aproxima. É uma bela mulher, e vem risonha como sempre.

Louise tomou parte na conversa, agora sobre vários assuntos, e François se juntou a eles em seguida.

No dia seguinte, foi François quem procurou o sacerdote; sentia necessidade de conversar a sós com ele. Depois de alguns comentários sobre Michele, François observou:

– Padre, quero crer que o senhor e Michele tenham falado sobre nossas esperanças em Paris; pretendemos consultar vários médicos e iremos até a Alemanha se necessário – o olhar de François se fez mais penetrante e ele perguntou: – O senhor acredita numa cura?

– François, sua pergunta é difícil de responder. Ontem, ela conversou comigo sobre isso e chegou a afirmar que vê fugir todas as esperanças. Parece que tem bastante percepção espiritual, intuição do que lhe dirão os médicos, contudo não sofre com a perspectiva. Só tem uma preocupação: os pais. Deseja que, se a medicina falhar, não se sintam tristes ou revoltados. Não posso, meu amigo, infundir em seu coração a fé que possui sua filha; a fé é conquista íntima, não se impõe, nem se transmite. Mas, se os recursos médicos forem inúteis, você e sua esposa, por paradoxal que pareça, encontrarão em Michele o sustentáculo. Será ela quem os ajudará.

– Padre, eu lutarei enquanto tiver vida para que ela volte a enxergar. Continuo com esperanças, mas prometo, caso elas desapareçam com o tempo, que saberei aceitar o veredito dos médicos e os desígnios de Deus.

– Muito bem, François; e a senhora Louise, terá a mesma disposição?

– Louise sempre foi calma e serena. Sofreu na infância, perdendo o pai muito cedo. Sua mãe, costureira, tinha o necessário para o sustento e para educá-la de modo simples. Nunca se julgou inferiorizada por isso. Teve bons princípios religiosos, que lhe incutiram fé em dias melhores. Quando me enamorei dela, usou de franqueza, contou-me sua vida. Demonstrou desinteresse quando a presenteei com uma joia e falou-me do valor moral da criatura. Nesse dia resolvi casar-me com ela. Meus pais eram ricos, e eu levava vida boêmia como a maioria dos rapazes de Paris.

Eu tinha um amigo que tinha ido para a China e de lá me escrevera, contando da facilidade de se conquistar fortuna, e se propunha a me ajudar se eu quisesse ir para lá. Meus pais relutaram um pouco, mas vendo minha disposição, me deram um pequeno auxílio financeiro. Seis meses depois estávamos instalados em Shangai. No princípio tivemos lutas, inclusive financeiras. Depois fomos aprendendo o idioma, fazendo amigos, e a vida se tornou fácil. Em breve tínhamos conforto no lar. Louise, que até então fazia todos os serviços caseiros, pôde ter criados. Gostava dos presentes que lhe dava, dos passeios, das joias, mas no íntimo nunca mudou. Sempre tinha dado mais valor aos sentimentos nobres.

Eu lhe conto isso, padre, para que o senhor, que conhece as almas, aquilate o valor moral de minha esposa. No dia em que o infortúnio desabou sobre nós, vi Louise chorar muito, se afligir, mas não desesperar-se. Daí para cá acho-a serena, embora triste quando está só. E agora, padre, ouso perguntar: qual será sua reação se Michele ficar definitivamente cega? Vai se conservar calma? Saberá construir outra felicidade, outro mundo para si e para nós?

– Meu amigo, acabaram meus temores. Sei que a felicidade de seu lar está construída em bases sólidas. Sempre haverá paz em torno de sua família.

Ambos se ergueram e, encostados à amurada do navio, ficaram contemplando a beleza do oceano.

Pouco antes do desembarque, a família de François se despediu do sacerdote. Ele ofereceu a Michele uma medalha de ouro representando Nossa Senhora.

– Filha, esta lembrança me foi dada por um arcebispo muito meu amigo, pouco antes de sua morte. Ele me disse:

"Ohamana, sempre precisamos do amparo celeste nesta vida, e ninguém melhor para nos dar que a Mãe de Jesus". Hoje, Michele, faço minhas essas palavras, ao te ofertar essa recordação de nossa amizade. Que Ela te proteja...

– Padre amigo, gratíssima por tudo.

E tateando, Michele tomou-lhe o rosto; não podendo vê-lo, queria gravar sua fisionomia. Os dedos deslizaram pelas faces enrugadas e na ponta de um deles sentiu pequenas gotas. O sacerdote chorava...

* * *

Algum tempo depois, já perfeitamente instalados, François e Louise sofreram a primeira decepção. O famoso dr. Dejon foi categórico:

– Senhores, não poderei lhes incutir esperanças. Sua filha tem a vista clara, límpida, transparente, normal. Pela forma como contaram, supus encontrar vestígios de queimadura. Se houve, foi usado algum processo químico que não deixa vestígios e nesse caso é impossível combater. Confesso-me impotente, mas gostaria de saber as opiniões de outros colegas.

A correria de consultório em consultório, exames e mais exames, contradições diversas, foram levando o desânimo àquelas almas. Um falou sobre cirurgia, talvez operando conseguisse descobrir a causa; outro, que a visão da jovem voltaria com o passar do tempo; outros vários com opiniões desconcertantes. O mais jovem deles, dr. Paul Beson, não disse nada no momento. Examinou minuciosamente, sentou-se e se pôs a olhar Michele a curta distância. Depois perguntou:

– Michele, estás bem certa de que tua visão era perfeita? Nunca sentiste nada de anormal antes de perdê-la por completo?

– Não, doutor, sempre enxerguei bem.

– Perdoa-me se insisto; procura lembrar. Nunca tiveste uma pequena ofuscação? Assim uma espécie de nuvem que aparecesse por instantes?

– Não me lembro, doutor.

Louise olhou para o marido. Lembrou-se da infância de Michele e do comentário que tinham feito, naquela época, sobre um gesto habitual da menina.

– Doutor, talvez tenha pouca importância, mas a sua pergunta me desperta a lembrança de um fato que até então julguei sem importância, e que talvez tenha relação com o que acaba de perguntar.

– Sim, minha senhora, fale-me da infância de sua filha. Não prometo cura, mas quero pelo menos achar uma causa lógica.

– Quando menina, de dois para três anos, Michele de vez em quando passava as mãozinhas nos olhos, como se quisesse limpá-los. Lembro-me que chamei a atenção de François.

– Eu respondi que era um cacoete, e não demos mais importância. Quanto tempo perdurou esse gesto não posso dizer; talvez um ano, pouco mais, talvez menos.

– Na verdade, senhores, creio estar aí a causa – debilidade do nervo ótico. Ela sempre o teve fraco. Mais cedo ou mais tarde perderia a visão. Provavelmente a ocasião tenha abreviado o momento; seus nervos naqueles instantes, deviam estar profundamente abalados; todos se ressentiam e o mais fraco, talvez em precário estado, tenha se rompido.

– Obrigado, doutor, pela sua explicação. Sinto em sua voz que se apieda de mim, mas creia, de compaixão necessitam aqueles que não conhecem Deus. Vivo bem e sou feliz. Tenho alternativas na vida e eles preenchem todo o meu tempo.

– Minha filha, estás sendo injusta e pouco cordial com o doutor. Talvez estejas cansada.

– Ó, não, quis apenas dizer que não sofro. Sou-lhe grata, doutor. Se não recebo esperanças é porque o senhor é absolutamente sincero.

– Michele – respondeu o médico – sinto em tuas palavras a nobreza de teu caráter. És uma criatura de belos sentimentos e tua visão da vida leva-te a superar uma situação que abateria qualquer mortal. Louvo teu modo de pensar. Também eu creio em Deus, mas sem o grau de fé que possuis. Se defrontado por amarguras, não saberia reagir com tanta naturalidade.

– Doutor Beson, não desejo que isso aconteça, mas se as amarguras vierem um dia, o senhor verá que é mais forte do que pensa e saberá superá-las. E agora me despeço – sorriu e acrescentou – desejando que o senhor veja tão bem quanto eu que, privada de luz, descobri outra mais bela.

Os três partiram e o jovem médico continuou sentado. Meditava sobre as palavras de Michele. Uma criança ainda e já revelava energia e serenidade. Lembrou-se do tio, padre Pierre, que lhe ensinara religião. Ele falava sempre no céu e nos anjos, como se os conhecesse. Michele era como a figura de um anjo. Seus cabelos claros, caindo ondulados sobre os ombros, a beleza do rosto... Estaria fascinado pela beleza física ou pelos dotes morais da jovem cliente? Voltaria a vê-la?

Assustou-se com os próprios pensamentos. Mulher alguma lhe despertara tanto interesse. Seria piedade? Seria apenas o interesse profissional? Outro sentimento que não apenas o da solidariedade humana? Cerrou os olhos. À sua frente via o vulto gracioso da moça, o olhar parado dos cegos, mas os lábios bonitos se abrindo num doce sorriso. Lembrou-se das últimas palavras: "não desejo que tenha amarguras... desejo que veja tão bem quanto eu..." Na verdade, Michele via mais. Ele, com dois olhos bem abertos, não conseguia ir além daquelas conjecturas.

Fechou o consultório e saiu para a rua.

* * *

Ao completar 18 anos, Michele foi presenteada com um piano. Tivera algum estudo, tempos antes, e agora o instrumento lhe serviria de distração. Não houve festejos. A família, reunida, brindou a aniversariantes e depois François a levou para junto do piano. Quando suas mãos sentiram as teclas, Michele riu.

– Oh, papai, não sei tocar e não tenho possibilidade de aprender... mas mesmo assim, me sinto feliz com o presente.

Auxiliada pelos pais, ela sentou-se e tirou alguns acordes. Foi o bastante para que se entusiasmasse. Começou uma valsa; como não errasse, perdeu a inibição inicial. Outras vieram, com crescente facilidade.

– Bravos, minha filha, tocas com grande sensibilidade; parece que teus estudos não foram interrompidos. Tens tanto desembaraço quanto os mestres do teclado.

– Como o senhor exagera, paizinho, vai acabar me deixando vaidosa.

– Teu pai tem razão, Michele – interveio Louise – tocaste admiravelmente. Quisemos te fazer uma surpresa com o piano e foste tu quem nos surpreendeu tocando assim. Tens razão quando falas na bondade divina A falta de visão é compensada de diversas maneiras; teu ouvido para música é algo de extraordinário. Gostaria de ouvir a opinião de algum professor.

– Não agora, mamãe; primeiro quero me exercitar um pouco. Não teria coragem para me exibir diante de um estranho.

– Está bem, filhinha, mas delicia-nos de novo com mais algumas peças.

A jovem correu os dedos novamente pelo teclado e desta vez, com precisão, se recordou de algumas músicas chinesas.

Fechou o piano. Suas mãos tocaram-no todo. Queria conhecê-lo bem; seria agora um grande companheiro.

Era tarde quando se recolheram e o sono abençoado veio logo. Michele adormeceu com a sensação de estar ouvindo belíssima melodia. Essa sensação se repetiu por noites seguidas.

Uma noite, algum tempo depois, Louise acordou o marido:

– Querido, querido, François, estás ouvindo?

Ele despertou ainda sonolento.

– François, é nossa filha que está tocando. Que melodia suave, enternecedora; onde a teria ouvido?

– Sim, é Michele. Extraordinário... Desconheço por completo essa música. Vamos ouvi-la de perto?

Os dois deixaram o quarto e, sem o menor ruído, chegaram ao salão. Michele, embora sensível a qualquer som, enlevada como estava, não percebeu a presença dos pais e continuou, tocando cada vez com mais sentimento a doce melodia.

Louise, na ponta dos pés, deu mais uns passos, de modo a ficar defronte à filha. Queria sondar-lhe a fisionomia e prescrutar-lhe a alma. A custo abafou uma exclamação de surpresa. Michele sorria e de seus olhos, fixos numa direção, escorriam lágrimas. Ao terminar, fez, na direção em que olhava, um aceno de cabeça e, levando a mão aos lábios, atirou um beijo.

O gesto não passou desapercebido a François, que fez um aceno para que Louise se calasse. Os dois sustinham o mais possível a respiração, que já se tornava ofegante. Michele ergueu-se, sorriu ainda uma vez, secou as lágrimas e, em passos leves, voltou ao quarto.

O casal ainda se conservou calado por um bom tempo, não só para esperar que a filha se acomodasse, como porque estavam absortos nos próprios pensamentos. Voltando depois ao leito, ardiam de curiosidade. Faziam toda sorte de conjecturas, sem atinar com o que pudesse ter acontecido.

– François, Michele estará vendo novamente, por uma graça do Céu?

– Não, Louise, não alimentes essa esperança que te fará sofrer. Ela passou junto a mim e sempre com o olhar parado dos cegos e tu estavas à frente dela e não chegou a ver-te. Se é que teve visão por alguns momentos, quando atirou aquele beijo ao ar, ela própria nos dirá, mas não creio nessa hipótese. Creio, isso sim, que estivesse sonhando e no sonho nos tenha visto, ou a ti ou a mim.

– Mas... e a melodia que tocava? Tinha os olhos abertos, não dormia, tinha expressões emotivas, lágrimas e sorrisos mesclados.

– Bem, querida, não somos adivinhos; logo saberemos. Já é tarde e não podemos passar o resto da noite tentando esclarecer algo que está fora de nosso conhecimento.

– Então confessas a possibilidade de que alguma coisa estranha tenha ocorrido com Michele?

– Não sei, Louise, penso várias coisas ao mesmo tempo. e houve uma intervenção divina, devemos apenas agradecer. Naquele momento nossa filha parecia um anjo executando música celeste.

– Sim, François, era isso... Boa noite, querido.

* * *

Michele, ao se apresentar para a refeição matinal, irradiava felicidade. Foi direta aos pais, beijou-os e disse:

– Mamãe, papai, tenho uma grande surpresa para vocês; venham comigo.

O casal se entendeu com uma troca de olhares; nada diriam sobre o que haviam presenciado à noite. Não estragariam a surpresa que Michele se propunha fazer.

– Não seria melhor que tomasses primeiro a tua refeição, filhinha?

– Ah, mamãe, a minha surpresa é melhor que qualquer alimento. Venham, vão gostar.

Entrados na sala, a jovem recomendou que tomassem as poltronas preferidas e se dirigiu ao piano.

Aos primeiros acordes, o casal percebeu que era a mesma melodia que ouvira durante a noite. Os dedos de Michele corriam pelas teclas; os sons, ora em surdina, ora fortes e acelerados, enchiam o ar. Ela por duas vezes, voltou a cabeça em direção às poltronas, como tentando vê-los através da música. Sorriu-lhes como na noite anterior sorrira para alguém invisível e continuou numa vibração intensa de amor à arte.

– Filha querida, onde aprendeste tão bela melodia? Os maiores autores invejariam o compositor dessa lindíssima peça. É uma verdadeira joia musical. Sabes o nome?

– *Hino à Virgem Maria*. O autor não sei dizer. Sei que de algumas noites para cá, enquanto fazia minhas orações, percebia à minha volta sons melodiosos e quase imperceptíveis. Ontem, esse som se fez mais audível e senti vontade de vir para o piano. A princípio tive receio de acordá-los, mas quando me sentei, nada mais me preocupava. E o que veio depois...

– O que veio depois? – inquiriu Louise.

– Aconteceu algo maravilhoso. Não tenho palavras que possam descrever exatamente o que vi naquele momento. Eu, que há tanto tempo só vejo trevas, vi intensa luz, e ela não se extinguiu como eu esperava. Continuei tocando, com grande emoção, os sons que ouvira antes e que agora reproduzia. Mentalmente agradecia a Deus tanto ventura, quando a luz foi se espalhando e formando raios, e dentro deles se destacou, perfeita, nítida, clara e suave, a imagem da Virgem Maria. Nada me disse, mas senti em seu doce olhar que me oferecia o seu hino. Quando começou a desaparecer, joguei-lhe um beijo. Voltei às trevas, mas me sinto iluminada como por um farol de amor.

Os pais abraçaram a filha e pediram que tocasse novamente o Hino à Virgem Maria.

* * *

Aproximava-se o Natal. Paris era uma cidade triste no inverno como quase todas as outras que se cobrem de neve. Pessoas agasalhadas com grossos casacos iam e vinham pelas ruas geladas. François saíra cedo e, ao regressar a casa, ouviu pronunciarem o seu nome. Voltou-se e, com surpresa, deparou com um antigo companheiro de colégio. Tinham sido amigos desde aquela época e até seu embarque para a China. Depois não mais se viram.

– François, que prazer, após tantos anos te reencontrar! És o mesmo, meu amigo. Quando voltaste?

Os dois apertaram-se as mãos e envolveram-se num abraço cordial.

– Armand, o meu prazer não é menor. Estás um pouco mudado, mais magro, mas te reconheci de imediato.

– E Louise, com vai? Ainda se conserva bonita? Fala-me de tua vida na China.

– Aqui não é possível. Armand, vamos até minha casa e lá conversaremos a vontade. Também estou ansioso por saber de ti, de tua vida, de teus negócios.

– François, irei à tua casa, mas não hoje, tenho compromisso a que não posso faltar.

– Está bem, Armand, amanhã então. Avisarei Louise, e assim te esperamos para jantar. Ah, mas deves estar casado, e nesse caso, o convite inclui tua família.

François notou certo embaraço do amigo e também que invencível tristeza o invadia. Reparou então que ele estava marcado por profundas rugas; na verdade, estava bastante envelhecido.

Foi com certa amargura que Armand respondeu:

– Está bem, irei amanhã, mas irei só; contudo, não me esperes para jantar, posso atrasar-me e não quero causar embaraço a Louise.

– Não seja por isso, a qualquer hora que chegues estaremos à espera. Aqui tens o nosso endereço – respondeu François, enquanto escrevia num pedaço de papel. Notando que o amigo vacilava na aceitação do convite, continuou:

– E também quero que conheças minha filha. É tão linda,

tanto ou mais quanto a mãe quando era jovem.

– Então deve ser extraordinariamente bela, pois lembro-me perfeitamente de Louise no dia do casamento. Estava encantadora, tu e ela formavam um par muito harmonioso. Como passa o tempo, não, meu caro? Separados há tantos anos... Mas fico satisfeito com tua felicidade. Deve ser bom ter uma filha, um ser que nos ame com pureza de sentimentos.

Novamente François notou o semblante triste do amigo. Consultou o relógio e resolveu prolongar por algum tempo aquele encontro; talvez pudesse ajudá-lo se lhe fizesse confidências. Não custava tentar.

– Armand, se ainda dispões de algum tempo, vamos nos sentar naquele café; quero te revelar algo sobre minha filha antes que a conheças.

Armand, sem demonstrar interesse, caminhou ao lado do amigo. Estava entregue às próprias meditações quando se instalaram numa pequena mesa dos fundos. E foi ele quem falou primeiro:

– François, antigamente eras um boêmio, tanto quanto eu; hoje és um homem respeitável e, parece-me, bondoso, mas decididamente não sabes disfarçar...

– Disfarçar? Disfarçar o quê?

– A tua curiosidade. Notaste que sofro e queres saber o motivo. Está certo, eu te direi a razão de minha decadência moral e tu não precisas fazer comentários sobre tua filha. Naturalmente ias me advertir que é impressionável, que eu me mostrasse gentil e amigável, e...

– Nada disso, Armand. Sob este meu aspecto calmo há uma alma que sofre, e minha boa Louise, embora bastante conformada, passa também por momentos tristes. Tu não sabes o que é ter uma filha alegre, cheia de vida, bonita, que esteja destinada a nunca mais ver os pais que tanto ama. Armand, podes estar sofrendo, ter problemas morais, mas não terias passado pelos tormentos que já passamos.

– Perdoa-me, François, se fui rude contigo. Tenho meus motivos para ser um revoltado contra as mulheres. Quando começaste a elogiar tua filha, estava longe de imaginar que por ela sofrias também. Mas conta-me tudo.

François fez uma pausa prolongada e depois narrou todo o acontecido na China; falou sobre a viagem, o sacerdote malaio que trouxe um bálsamo de fé a seus corações. Falou de sua esperança que ia fugindo aos poucos e por fim acrescentou:

– Foi por isso, amigo, que te retive. Michele não te veria amanhã, mas pela tua voz, sentiria a tua piedade. Agora estás preparado para vê-la, e creio que gostarás dela. É, apesar da idade, uma criatura admirável; soube construir um novo mundo para ser e nos tornar felizes.

– És mais feliz que eu, François. Tua filha é cega mas vive ao teu lado, tua esposa é carinhosa e dedicada à família. A vida é amarga para aqueles que sentem a derrocada do lar.

Armand olhou para fora e seus olhos se perderam na contemplação dos casais que passavam. Procurava readquirir a calma para continuar a conversa. Depois voltou a falar:

– Quanto partiste para a China eu sonhava com o casamento. Não dispondo de grandes recursos financeiros, passei a dar lições de piano. Eu já tocava bem, digo sem modéstia, e não me foi difícil conseguir alunos. Meses depois, fui chamado a uma casa aristocrática. Um criado de libré e todo cerimonioso levou-me à presença do sr. Gerard. Ele me examinou dos pés à cabeça; tinha um olhar severo, mas demonstrou cordialidade. Pediu que me sentasse ao piano e executasse algumas peças, o que fiz.

– Bem – disse-me ele, um tanto arrogante – será o professor de minha filha. Quero adverti-o: a educação que lhe dou é um tanto rígida. Anne não está habituada a conviver com pessoas estranhas. Desde a morte de sua mãe está sob meus cuidados diretos. Por qualquer desatenção, falha ou falta de estudos, o senhor deve ser dirigir a mim. Ela é tudo em minha vida, senhor Armand.

Combinou o ordenado e chamou o criado para que me guiasse até a porta. Saí daquela casa com o coração apertado. Por quê? Ia receber muito mais do que esperava, meus honorários eram bastante elevados; por que me sentia acabrunhado? Iria me defrontar com alguma menina mimada, caprichosa ou de inteligência medíocre?

Ao me aproximar de casa, todo o meu temor desapareceu; veio-me à mente a imagem querida de Helaine. Eu agora podia noivar, podia realizar um sonho de amor. Helaine... como era bonita! Conhecera-a na casa de um amigo, talvez te lembres dele, François, foi nosso companheiro – Gil Clermont.

– Recordo vagamente... Mas continua.

– Bem, Gil percebeu meu entusiasmo e não se conteve: disse-me claramente que Helaine herdara da mãe a beleza, mas também o gênio violento; que eu me acautelasse para não sofrer dissabores futuros. Naquele momento Gil pareceu-me pérfido e tratei-o como um inimigo. Continuei a ver Helaine. Era dócil, compreensiva, terna e amiga. Gil, decididamente, ou errara nos seus conceitos ou, enciumado, tentava tirá-la de mim.

Entrei em casa satisfeito. Contei à minha mãe o quanto ia receber do aristocrático sr. Gerard – 20 francos; era uma fortuna, podia me casar. Ela sorriu com meu entusiasmo e aconselhou-me que esperasse mais um pouco. Não, não acatei o conselho e nessa noite mesmo fiquei noivo de Helaine.

Nosso casamento se realizou e sentia-me extremamente venturoso. Continuei lecionando à filha do sr .Gerard e caí na asneira de contar à minha esposa que Anne era viva, inteligente e a minha melhor aluna. Helaine mordeu os lábios e nada disse. Mas nesse dia começaria o meu infortúnio. Sem que eu percebesse, estava sendo vigiado por Helaine. Passou a ter crises de ciúme, fazendo-me acusações perversas, e tirava-me o sossego. Mas eu a amava e suportava suas críticas, aguardando melhores dias.

No primeiro aniversário de casamento, comprei-lhe um bonito anel de safiras. O seu rosto se iluminou; beijou-me como nos primeiros tempos, elogiou o meu bom gosto e esteve feliz o dia todo. À tarde, reunimos alguns amigos e entre eles veio o que me apresentara ao sr. Gerard. Claro que me perguntou se estava satisfeito, como ia minha aluna, se era aplicada. Esquecido das ciumeiras violentas de Helaine, respondi a suas perguntas com naturalidade e de modo bastante sincero. Oh, François, foi horrível a cena que se desenrolou. Helaine caluniou-me na frente de todos, disse os maiores impropérios e apontou-me a porta da rua. Saí como um autônomo e vaguei pelas ruas. Era madrugada quando alcancei a casa de minha mãe.

Mas meu infortúnio não ia terminar ali. Voltei à casa do sr. Gerard para a aula costumeira. O criado, como das outras vezes, me introduziu no grande salão. Eu examinava algumas partituras, aguardando a presença de Anne, quando ouvi pisadas fortes. Ergui-me para cumprimentar meu benfeitor, mas seu olhar de cólera impediu-me qualquer movimento. Foi uma tempestade que desabou sobre mim. Ele estava furioso. Antes que eu pudesse perguntar o motivo daquela ira incontida, ele me expulsou de sua presença, chamando-me de cão imundo, conquistador barato, abusador de jovens inocentes e outros adjetivos semelhantes. Tentei dizer qualquer coisa contra aquela infâmia, mas o criado, obedecendo ordens, segurou-me pelo paletó e atirou-me à rua.

Saí dali destilando ódio. Odiei Anne, menina de 15 anos que não soube tomar a minha defesa, e mais ainda odiei Helaine, a causadora de minha ruína. Os comentários ferveram, um a um fui perdendo todos os alunos; eu não era digno de entrar na casa de famílias. Um concerto que estava para realizar foi cancelado.

Senti-me em tal estado de humilhação que pensei em me atirar ao Sena. Andei à sua margem; as águas me atraíam. A minha revolta contra o mundo feminino fez com que eu reagisse àquela ideia. Precisava viver para desmoralizar as mulheres, a começar pela minha própria. Soube mais tarde pelo tal amigo que Helaine fora à casa do sr. Gerard e ali fizera grande escândalo, chegando mesmo a agredir Anne. Ele, bom pai que era, passou a ser mau para a filha. Ora acreditava em sua inocência, ora a maltratava como mísera desclassificada.

Armand parou de falar; estava ofegante. Depois, mais calmo, olhou em volta e acrescentou:

– Hoje, sou um farrapo humano, abandonei o piano definitivamente, depois que, por necessidade, precisei vender o meu. Esta roupa que uso foi-me dada por minha mãe pouco antes de sua morte.

– E Helaine, não viste mais?

– Não, e não desejo vê-la; amo-a ainda e por isso temo sua

presença. Minha vida está se findando; sinto próximo o fim e desejo que chegue o mais breve possível.

– Estás doente, Armand? Procuraste um médico para saber o que tens?

François se ergueu e tomando o braço do amigo, disse com voz clara mas que demonstrava energia:

– Se teus compromissos não interessam vais agora comigo ao médico e de lá iremos para minha casa. Hoje serás meu hóspede; garanto que Louise e Michele farão amenizar o teu desprezo pelo mundo feminino.

Passava um coche naquele momento e Armand não relutou em tomá-lo. Em menos de 15 minutos estavam frente ao dr. Fénelon. Embora suas palavras tivessem sido de ânimo para o doente, o olhar, dirigido a François, não deixou dúvidas sobre a gravidade do caso.

Armand teve ligeiro tremor ao penetrar na rica mansão. Como Louise o receberia? Lembrar-se-ia dele? Felizmente François o fez sentar na sala, deixando-o completamente a vontade. Dentro se ouvia barulho de louças, de talheres, andares abafados pelos tapetes. O piano ali estava, bem à sua frente. Lembraria ainda das músicas preferidas? Estava pensativo, revia o passado, quando o amigo voltou acompanhado da família.

Louise, avisada pelo marido, não demonstrou surpresa com o abatimento de Armand; cumprimentou-o de modo natural, procurando fazer daquele encontro um motivo de alegria. Apresentou-o à filha, que respondeu apenas: – Seja bem-vindo à nossa casa, senhor.

Armand ficou paralisado frente à jovem; estava avisado de sua beleza, mas havia nela algo que o perturbava.

O criado entrou avisando que o almoço estava servido e Armand, junto com o amigo, seguiu Louise e a filha. Servido o primeiro prato e bom vinho Borgonha, a conversa se generalizou. Armand, aos poucos, perdeu a timidez e pôde ser natural. Louise lhe falou sobre os encantos da China, de seu povo e seus costumes. Michele contou-lhe episódios engraçados de sua vida. Estavam para terminar a refeição quando o assunto caiu no terreno da música. O rosto de Michele se iluminou;

era seu assunto preferido e sem reservas teceu comentários sobre a arte em geral e a música em particular. Armand foi se contagiando daquele entusiasmo e revelou seus conhecimentos sobre os mestres, alguns vivos mas que pertenciam ao século passado, outros mortos mas que permaneciam vivos pelas obras.

– Senhor Armand, o senhor concorda com a teoria de que o sofrimento traz luz ao espírito?

Armand, não preparado para semelhante pergunta, procurou uma evasiva inteligente:

– Mademoiselle, não sei o que dizer, porque minha vida tem sido uma série de contradições; mas espero que me explique essa teoria. Deve ser empolgante.

– Muitos compositores sofreram, e com o sofrimento se elevaram para receber as mais altas inspirações. Todo ser que sofre, sejam dores físicas ou morais, tem que buscar a fortaleza de ânimo para não sucumbir. Uns se entregam ao trabalho, outros a meditações filosóficas. Mas todos estarão buscando um lenitivo para a alma, procurando esquecer de si mesmos, e quando o conseguem, entram numa fase feliz – deu pequena risada e acrescentou: – Experiência própria.

– A senhora então quer dizer que já sofreu e conseguiu superar o sofrimento?

– Senhor Armand, sou bastante moça, e o senhor é antigo companheiro de papai, então deve ter mais ou menos a sua idade: não me trate com cerimônia, trate-me por tu e por Michele.

– Está bem, Michele; sou um ano mais moço que teu pai e satisfarei teu pedido. Mas não respondeste à minha pergunta.

– Sim, sofri muito, por mim própria e por meus pais. Eu ainda não tinha 17 anos e já estava privada de tudo. Conheci a minha pátria, a China, minha cidade, Shangai, mas jamais conhecerei Paris. Não mais verei esses rostos queridos que o senhor contempla neste momento. Porém, senhor Armand, existe um Deus. Esse Deus é bom e amigo: deu-me pais compreensivos e ternos, deu-me claridade íntima para que eu vivesse uma vida normal. Ando perfeitamente bem, sei encontrar meus pertences, não paralisei os estudos, meus pais leem para mim, e ainda tenho ouvido para música.

– Na verdade, és uma criatura extraordinária, construíste um mundo aparte e nele vives. Gostaria de pensar assim, mas agora é tarde demais.

Michele não pôde ver a fisionomia triste e abatida, mas sentia a extensão daquelas palavras e, antes que voltasse a falar, seu pai já convidara o amigo para voltar à sala. Depois pediu à filha que tocasse um pouco.

Michele, com desembaraço, se dirigiu ao piano. A primeira música foi a sua, o Hino à Virgem. Recebendo o maior aplauso, agradeceu e passou a outras. Quando começou a Tocata e Fuga de Bach, ouviu um soluço e, antes que saíssem da chocante surpresa, Armand já havia deixado a casa.

François, em frases rápidas, explicou à família o estado de saúde do amigo e saiu ao seu encalço. Andou pouco. Logo adiante, um aglomerado de gente rodeava um corpo estendido ao solo.

Um médico da vizinhança, chamado às pressas, confirmou: Armand deixara de viver. O coração enfermo não resistira mais.

François informou aos policiais que tinham acorrido que ele não tinha família, mas que iria se encarregar de todos os encargos do sepultamento, e o corpo foi levado para o hospital, aguardando as providências que ele passou a tomar de imediato.

* * *

Em casa, Luise viu, pela fisionomia do marido, quando finalmente retornou, a gravidade da situação e pretendia ocultar de Michele o ocorrido, quando ela veio ao seu encontro:

– Mamãe, papai chegou, finalmente, e não trouxe o senhor Armand de volta; quer dizer que ele... ele não voltará nunca mais.

O pai tentou encobrir a verdade, procurando ser natural:

– Por que pensas isso, Michele? Ele não voltou comigo porque...

– Porque está morto, papai. Esqueceu-se do que nos disse, com pressa, sobre sua doença do coração? Aquela música deve ter alguma relação com o sofrimento que se abateu sobre ele. A emoção violenta abreviou seu fim, e talvez sentindo o que ia ocorrer, saiu para não nos dar tão grande choque.

As lágrimas corriam dos olhos de Michele; Louise não continha os soluços, e François andava de um lado para outro procurando se refazer de tantas emoções. Arrependia-se agora de ter provocado o desabafo do amigo, de o ter arrastado até ali. Talvez vivesse mais algum tempo... Sentia-se em parte o culpado e sofria ao peso da consciência.

Michele percebeu a agitação do pai e o fez sentar-se junto dela. Afagou sua cabeça como se fora ele o filho precisando de consolo:

– Fale-nos dele, papai. Como o encontrou, por que nunca nos falou desse amigo? Há alguma coisa na vida dele em que o senhor tenha tomado parte e que lhe pesem as consequências?

– Não, Michele, isso não. Eu não o via há anos, e hoje me alegrei de encontrá-lo por acaso. Foi meu colega e amigo de mocidade; esteve presente ao nosso casamento, tanto que tua mãe se recordou dele.

– Mas achei-o completamente mudado, François. Pareceu-me outra pessoa, até a voz estava diferente. Ou ele era um ser amargurado ou estava revoltado; seu olhar era triste, mas em certos momentos brilhava de um modo estranho. Francamente, não me pareceu uma criatura normal.

– É isso mesmo. Armand, além da doença do coração que o levou, devia ter algum problema psíquico. Foi a conclusão a que cheguei quando me contou sua vida, sua desventura. Revoltado contra as mulheres, eu o arrastei até aqui esperando que, entre vocês, encontrasse paz para seu coração. Enganei-me, e que Deus me perdoe se concorri para abreviar o seu fim.

– Ele lhe pediu segredo, papai, quando narrou sua vida?

– Não, contou-me apenas, talvez querendo desabafar, pois há tempos vivia em completa solidão. Meu objetivo era ajudá-lo, para que voltasse ao piano; estava disposto a comprar-lhe um e lutar para que sua reputação fosse restaurada e ele conseguisse de novo um lugar ao sol.

– Sua reputação? O senhor quer dizer que ele se tornou indigno?

– Não, Armand foi tremendamente caluniado. Mas ouçam

a sua triste história.

François então contou o que ouvira dos lábios do amigo.

– Mas essa Helaine é um víbora, causando todos esses males, e o tal sr. Gerard não fica atrás; não se aceita acusações sem provas – falou Louise, o rosto vermelho de indignação.

– Mamãe, não faça julgamentos. Eu, por mim, tenho pena de todas essas criaturas, são todas vítimas de si mesmas. São uns pobres coitados e devem agora sofrer muito. Só vivem em paz os que semeiam paz. Eu tentei, com a música, distrair o senhor Armand, e o que fiz? Matei-o.

– Não digas semelhante tolice, Michele.

Mas ela não ouviu; já tinha saído e no seu quarto, ajoelhada, fez com sinceridade uma rogativa a Deus por aquele grupo de pessoas.

Armand muito admirava o compositor Fréderic Chopin e, por coincidência ou determinação do Alto, ambos partiram no mesmo dia para o mundo espiritual.[1]

* * *

Longe dali, alguém sofria. Era o dr. Paulo Beson. Muitos dias e noites passara com o pensamento voltado para a ceguinha. Estranho como possa parecer, analisando seus sentimentos, sondando o coração, chegara à conclusão que estava apaixonado por aquela moça a quem vira apenas uma vez. Mistérios que só as vidas anteriores podem explicar.

Mas, dizia-se o doutor, precisava ter bom senso; seria loucura alimentar aquele sentimento. Michele, ele pressentia, não concordaria em desposá-lo. Voltaram-lhe à mente as palavras da jovem: "Se as amarguras vierem um dia, o senhor verá que é mais forte do que imagina e saberá superá-las". Estava na hora de fazer isso. Mas como? Em vão tentava esquecer aquela criatura encantadora. Talvez fosse melhor procurá-la, confessar-lhe tudo que seu coração sentia, e se fosse repelido, então... precisaria, sim, ser forte. Estava nessas conjecturas e não ouviu leve batida à porta. Outras mais forte, e foi abrir. Estacou surpreso. À sua frente estava François. Com certo nervosismo, não deu sequer tempo para que o médico o cum-

[1] 17/10/1849.

primentasse.

– Doutor, preciso do senhor. Minha mulher está com os olhos bastante congestionados e temo que algo de mal possa acontecer. Não quis me acompanhar até aqui, e então peço encarecidamente sua presença em minha casa.

– Um momento apenas, senhor, e poderei acompanhá-lo.

No íntimo Paulo Beson agradecia à Providência aquele chamado. Minutos depois, o médico voltou com pequena maleta e saíram.

François levou o médico ao quarto em penumbra onde estava Louise. Michele estava junto da mãe, e ao ouvir passos voltou-se:

– É o senhor, papai? Encontrou o doutor Beson?

– Sim, senhorita, aqui estou para servi-los. Confesso que fiquei satisfeito com a prova de confiança que depositaram em mim.

Michele abriu uma janela e um jorro de luz aclarou o quarto. Só então Beson notou o abatimento da jovem. Estava mais magra e seus olhos demonstravam cansaço. Mas ele estava ali para a senhora e não para a filha. Louise, recostada numa poltrona, retirou um lenço que lhe cobria os olhos. Cumprimentou o médico.

O dr. Beson sentou-se à frente dela. Os olhos avermelhados e lacrimejantes não suportavam a luz. As pálpebras estavam inchadas e ele, de imediato, percebeu que a senhora havia chorado muito. Enquanto a examinava com grossa lente, pensava no que estaria acontecendo naquela casa. Por que Michele tão abatida, e sua mãe derramando lágrimas? Depois tomou algodão, umedeceu-o com um líquido e passou-o sobre os olhos da Louise. A seguir, pingou gotas de um colírio e aguardou alguns momentos.

– Sente-se melhor, senhora?

– Sim, já não me queimam tanto.

– Conserve-os fechados, por enquanto. Verá que, ao abri-los novamente, esse ardor terá desaparecido.

Enquanto aguardava, Paul teve oportunidade de analisar atentamente a jovem ceguinha. Como era bonita, que serenidade estampava aquele rosto... Gostaria de prolongar aquela visita mesmo que não conseguisse falar-lhe; ficaria tão somente para admirá-la.

Passados mais alguns minutos, o dr. Beson mandou que Louise abrisse os olhos.

– E então? Ardem ainda?

– Muito pouco, mas já posso conservá-los abertos, a luz não incomoda tanto.

– Vamos colocar umas compressas sobre as pálpebras para que desinchem e amanhã voltarei para vê-la.

– Não será preciso, doutor; se em menos de uma hora passei a me sentir bem, amanhã estarei curada. Não quero abusar de sua bondade.

Ele já se despedia para sair quando Michele o convidou para acompanhá-la. Levou-o à sala de música e o fez sentar-se.

– Dr. Beson, se não tem muita pressa, queria tomar sua atenção por alguns momentos.

– À vontade, senhorita Michele, disponho de bastante tempo.

– Dr. Beson, ontem perdemos um amigo de modo brusco e mamãe chorou muito. Essa é a causa de estar mal dos olhos?

– Sim, Michele, se me permite a chamarei apenas pelo nome, considero-me seu amigo. Na verdade notei que sua mãe tinha os olhos congestionados por excessivas lágrimas.

– E se as lágrimas voltarem, mamãe pode chorar?

– Mas elas por certo não voltarão. Ontem havia motivo, notícia inesperada é chocante e comovente. Mas também estás abatida, Michele.

A moça ficou calada, pensativa, por alguns instantes.

– Doutor, o senhor disse que se considera meu amigo. Aceito sua amizade e quero que nos ajude, dentro de suas possibilidades. Na verdade, mamãe sofre por mim, pois me considero a assassina do amigo que perdemos e ela sabe disso.

– Ora, Michele, serias incapaz de algo assim. Embora seja este nosso segundo encontro, percebo tua alma. Não, não acredito em absoluto que tenhas culpa de nada – e só então ele percebeu que já a tratava com mais intimidade, mas continuou – Afinal, o que se passa aqui? Podes dizer-me quem era esse amigo e do que morreu?

Em rápidas palavras, antes que o pai entrasse, Michele contou o ocorrido na véspera, resumindo a triste história de Armand.

– É por isso, doutor, que lhe peço auxílio. Peço que converse com papai e mamãe e os distraia um pouco. Eu não posso fazer muito. Quem sabe poderia convidá-los para alguma coisa.

– Michele, farei o que me pedes e se puder, é com a maior alegria que passarei a frequentar a tua casa. Mas vamos falar um pouco sobre ti. Não deves jamais tomar para ti uma culpa que não te cabe. O amigo de teu pai já vinha doente, e sua morte ocorreria de um modo ou de outro, a qualquer momento. Teu pai se culpa por havê-lo trazido aqui e tu te culpas por haver-lhe provocado emoção e tua mãe sofre por ambos. Esse estado de coisas não está certo. Acredito que o tal senhor Armand tenha sido vítima da calúnia que sua infeliz esposa atirou sobre ele. Mas, ainda assim, boa parte de culpa lhe cabe. Ele próprio devia ter se defendido contra difamações gratuitas, e o que fez? Deixou-se abater pelo desânimo e não soube expulsar o sentimento de ódio que lhe corrompia a alma. Atirou-se à morte como salvação, pois sentindo-se doente há tempos, não buscou meios para combater o mal. Tu e teus pais não analisaram esse ponto, movidos pelo sentimento, mas eu, como estranho ao caso, procuro com imparcialidade ver às claras.

– Obrigada por suas palavras, dr. Beson; vou meditar sobre elas e, se minha consciência as aceitar, transmitirei aos meus pais. E agora não quero mais tomar o seu tempo. Sei que sua profissão não lhe permite um afastamento prolongado. Agradeço muito o que fez por nós. Vou chamar o meu pai.

– Michele, então por favor avise à sra. Louise que amanhã voltarei à mesma hora.

Nesse momento, François entrou. Vinha mais sereno. Tomou o braço do médico que já se levantava para se despedir e o fez sentar-se novamente.

– Não se vá ainda, doutor, peço-lhe. Perdoe-me a indiscrição, mas ouvi parte de sua conversa. Gostaria de ter ouvido toda... Todos nós estamos vivendo momentos difíceis e parece que o senhor nos foi enviado do Céu para erguer nossa moral.

– Obrigada, senhor. Não tenho pretensão de me tornar conselheiro, mas parece-me que estavam exagerando um fato corriqueiro. Diariamente fatos semelhantes se repetem. O mundo não é um paraíso, mas uma escola de aprendizagem, dizia meu tio Pierre. E nessa escola há bons e maus alunos. O senhor e sua família procuraram dar o máximo de auxílio a um companheiro que não aprendera a lição. Se não o conseguiram, restou a boa vontade, que já é um ato de mérito por si mesma.

O médico parou de falar e volveu o olhar na direção de Michele. Ela estivera atenta às suas palavras e ele sentiu que a impressionara.

– Sim, doutor, o senhor tem razão. Visto dessa forma... Vou tranquilizar minha Louise. Agradeço-lhe muito.

Benson despediu-se e partiu. Levava no íntimo um tênue fio de esperança.

À noite, François, para sondar o íntimo da filha, pediu-lhe que tocasse alguma coisa ao piano.

– Papai, pensei que não voltaria mais a tocar, mas as palavras do dr. Benson me convenceram de que estava errada. Vou tocar algo, mas primeiro quero que me satisfaça uma curiosidade: como é o tipo desse médico?

– Ah! Vejo que ficaste impressionada pelas palavras dele. Vou tentar descrevê-lo e verás se corresponde à imagem que fizeste.

– Mas eu não fiz imagem alguma; é mera curiosidade – respondeu Michele, um pouco intimidada.

– Por então satisfaço tua curiosidade. Ele é alto, talvez tenha a minha estatura. Cabelos lisos e castanhos, olhos... bem... não sei, os homens não são atentos a esses detalhes. Quanto à idade, deve estar entrando na casa dos trinta, talvez menos. Traja-se com bom gosto; e é tudo. Satisfeita?

– Sim, papai. E agora o que deseja ouvir?

– O que minha querida filhinha escolher.

Michele, com o desembaraço de sempre, abriu o piano e tocou diversas canções populares.

O dia que começara com tristeza e inquietações, voltara

à calma de sempre.

* * *

As visitas do médico continuaram. Sempre bem recebido, foi se tornado pouco a pouco íntimo da casa. Teve oportunidade de ouvir Michele ao piano, de conversar, sondando-lhe os sentimentos, de arquitetar divertimentos em que ela pudesse tomar parte. Por vezes pensava em se declarar, mas temendo perder a amizade da moça, ia sempre adiando. Mas não podia continuar para sempre na incerteza, e então decidiu falar na primeira oportunidade que se apresentasse.

Não precisou esperar muito; ela surgiu tal como ele desejava.

– Michele, por nada deste mundo desejo perder tua amizade, mas quero falar sobre um assunto delicado. Noto que não te sou indiferente como homem e alimento esperanças. Pensei em procurar teus pais e falar-lhes claramente o que me traz aqui. Mas não ousaria lhes falar sem saber se sou correspondido no sentimento que te dedico. Michele, de minha parte existe mais que amizade; o sentimento que tenho por ti me faz pedir que cases comigo.

Benson calou-se. No silêncio, ouvia a respiração da jovem, agora acelerada. Ela a princípio ficara corada, mas com as últimas palavras, se tornara pálida. Ele, angustiado, confuso, não sabia se continuava falando ou se aguardava uma resposta. Os minutos pareceram longos. Ambos, dominados pela emoção, continuavam em silêncio.

Michele meditava e sofria, e Paulo Beson crescia em ansiedade. Agora estava certo, ela também o amava, era evidente. Buscava, no silêncio, recuperar a serenidade. Procurando ajudá-la, tomou-lhe a mão; estava gelada; e murmurou-lhe quase ao ouvido:

– E então, querida?

– Paul, sinto-me honrada com teu pedido, mas não posso, de forma alguma, aceitá-lo. Lamento profundamente dizer-te estas palavras que te farão sofrer, eu que desejo tudo de bom para ti! E agora, vamos dar o assunto por encerrado; seria constrangedor para nós ambos continuar...

– Não, Michele, decididamente não posso aceitar tua decisão. Se desejas tudo de bom para mim, como recusas tornar-me feliz? Eu te amo, Michele, com pureza de sentimentos, e por esse amor estou disposto a lutar. Ficaste em meu pensamento desde a primeira vez que te vi. Foi o bom Deus que me conduziu à tua casa, na hora amarga que atravessaram, para que eu pudesse entrar em teu coração. Estou certo, querida, que também me amas, mas não queres confessar. Por quê? Não importa que teus olhos estejam cerrados, quando tua alma vibra e sente a harmonia do universo. Querida, uma só palavra e seremos felizes, e teus pais vão participar de nossa felicidade.

Enquanto o médico falava, Michele pedia a Deus que lhe desse forças para ser natural, por ir contra o próprio coração. Sim, ela o amava, mas precisava sacrificar-se para que ele não tivesse dissabores futuros. Não achava justo que se unisse a ela, que tão pouco lhe podia dar. Precisava fingir indiferença. Seria difícil, mas não impossível. Ela própria ficou surpreendida com a calma que lhe invadiu o ser, após tomar a séria decisão.

– Paulo, sempre fui sincera contigo e não seria agora que iria mudar. Tu interpretas a minha recusa ao teu modo, mas a verdade é outra. Tenho por ti uma grande dose de amizade, ou seja, de amor, mas é um amor fraternal que te ofereço. Quero-te como a um irmão. Um irmão bom e amigo, terno e compreensivo que encontrei e de quem espero compreensão nesta hora. Nada mais posso te oferecer, Paul.

– Michele, então o cego fui eu. Levei longe demais a esperança de ser feliz. Ofereceste-me amizade e sonhei com amor. Errei, e quis te arrastar a um compromisso que não desejas. Não voltarei a insistir. Desculpa-me se fui ingênuo ao confundir os teus sentimentos. Tentarei esquecer-te e até lá ajuda-me com teus bons pensamentos.

– Estás magoado comigo: Podes aceitar a amizade de irmã?

– Não sei, Michele. O tempo dirá.

Sua mão, que ainda segurava a de Michele, se desprendeu. Ela ouviu pisadas, e sentindo-se completamente só, deu vazão às lágrimas que a custo tinha reprimido.

Naquele momento Michele não podia sequer pensar em Deus; pensava apenas no sofrimento que causara àquele a quem tanto amava.

Os soluços prolongados despertaram a atenção de Louise. Ela dera oportunidade para que os jovens conversassem a sós, porque no íntimo sentia que eles se gostavam. Agira mal ou bem? Foi com esse pensamento que foi ao encontro da filha.

Sentindo-se nos braços maternos, a jovem procurou refrear a torrente de lágrimas. Precisava contar tudo aos pais. Mas valeria a pena dizer toda a verdade? Dizer que também amava Paul? Ou seria melhor que...

– Sofres, filhinha? Sei que amas e por isso estás sofrendo.

– Mamãe, eu o desiludi, disse que o queria apenas como um irmão. Ele se foi triste e amargurado.

– Minha filha, agiste precipitadamente.

– Não, mamãe, não foi precipitação. Eu já esperava o pedido de Paul e conscientemente agi como devia. Agora seríamos felizes, mas... e depois? Ele é jovem, ama a vida e os prazeres; eu não poderia acompanhá-lo a parte alguma; e mais tarde, se viessem filhos? Eu sofreria e o arrastaria a sofrer comigo. Dos males o menor. Em breve me esquecerá.

– Mas e tu, minha filha? Onde buscarás algo a te preencher a vida? Além do que, precisamos pensar que não somos eternos; se faltarmos, o que será de ti? Talvez haja exagero no teu modo de pensar. Teu pai e eu gostaríamos que essa união se realizasse. Creio que agiste com precipitação. Talvez fosse melhor chamar Beson e...

– Não, mamãe, seria ruim para nós dois. Eu não voltarei atrás. O mais difícil foi me decidir a falar com ele sem demonstrar que, pela primeira vez, eu não estava sendo sincera com ele e nem comigo mesma. Quando papai chegar conte tudo a ele, eu não tenho coragem.

– Mas Michele, teu pai não vai concordar com tua decisão, vai insistir...

– Se insistir me obrigará a ser falsa com ele também, e não desejo isso.

– Está bem, filha, faremos como desejas, e queira Deus

que não te arrependas.

François estava entrando em casa e Michele se retirou para o quarto. Não queria tomar parte naquele assunto que era a sua felicidade e também o seu tormento.

Louise colocou o marido a par do ocorrido.

– Não concordo, Michele está indo longe demais nessa tola teimosia. Conversarei com ela e depois com Beson. Não podemos ficar de braços cruzados, Louise, Michele é demais sensível, embora forte na aparência.

– Não lhe digas nada hoje, querido. Deixa-a descansar e meditar; amanhã será outro dia e quem sabe poderá surgir, novas esperanças.

Novo dia surgiu mas as esperanças se desvaneceram. O criado, pela manhã, entregou a François uma carta que um emissário do dr. Benson viera deixar logo ao amanhecer.

Em uma carta simples, Beson apenas comunicava aos amigos que partiria naquela mesmo dia para a Inglaterra e apresentava a todos as suas despedidas.

Quando Michele se inteirou da resolução do médico, apenas murmurou:

– Foi melhor assim. Sua presença em Paris seria uma ameaça constante aos meus sentimentos.

Mas intimamente pensava na saudade que iria sofrer. Passara ao lado de Paul momentos felizes e chegara a tecer mentalmente os mais belos sonhos. Quanto tempo permaneceria ele ausente do país? Meses? Anos? Voltaria algum dia? Voltaria só? Precisara dizer aquelas palavras frias para que os pais não se atormentassem por ela.

Louise notara que tinha sido ditas com esforço e na primeira oportunidade indagou:

– Michele, ficaste satisfeita ou triste com a resolução de Beson?

– Mamãe, foi melhor assim. Agora que ele está longe posso pensar com maior clareza e estou absolutamente certa de que agi bem, mais por ele do que por mim própria. O amor, mamãe, deve ser tão puro, tão sem egoísmo, que nos leve a renunciar com alegria.

Louise deu-se por satisfeita e o nome de Beson não foi

mais pronunciado naquela casa. Mas Michele todas as noites orava pelo ser amado, e em suas trevas parecia ver a imagem querida.

* * *

Alguns anos se passaram. François fora chamado para o Outro Lado da vida e o luto que caiu sobre mãe e filha fez com que ainda se unissem mais. Os dias eram passados de modo rotineiro. Louise se ocupava de alguma costura, Michele tocava piano, desciam ao jardim, afagavam o cão de estimação, aspiravam o perfume das flores, e pouco mais.

Certa noite – agora dormiam no mesmo quarto – Louise resolveu tocar num assunto que a consumia: a sorte da filha se ficasse só no mundo. Havia parentes do marido, mas ela jamais se sentira a vontade com eles, e não desejava que Michele viesse a sofrer, se lhes impusessem a sua presença.

– Minha filha, como lamento que não tenhas te casado com Beson. Não temos mais o teu pai, e se eu faltar, que será de ti? Penso que não gostarias de viver com teus tios.

– Mamãe, peço a Deus que isso não aconteça nunca. As poucas vezes em que estive com eles causaram-me impressões estranhas. Se eles foram rancorosos com a senhora é porque lhes faltam sentimentos. Eu também não queria morrer deixando-a na companhia deles. Não que os considere maus, mas são indiferentes e até certo ponto antipáticos.

Ficaram caladas por alguns momentos e depois Michele continuou:

– A senhora se preocupa demais comigo; não sou mais criança, e saberei me defender, caso me venha a faltar. Graças a Deus papai nos deixou casa, recursos financeiros e criados de confiança, assim não haverá problema para nenhuma de nós. Aquela que ficar continuará aqui. Os cegos, mamãe, também sabem ver, sabem dar ordens e sabem se fazer respeitados.

– Tuas palavras são tranquilizantes, minha filha, mas não quis me referir à tua visão e sim me preocupo por seres moça.

– Moça velha, solteirona – Michele riu e acrescentou: – Não há o menor perigo.

– Velha? Tu te consideras velha com apenas 28 anos?

– Ora, mamãe, as moças se casam entre 15 e 18 anos; até os 20 ainda têm ideias de casamento, mas depois já se consideram titias.

– E tu não te casaste por teimosia; afinal, podias ser imensamente feliz e estar hoje rodeada de bebês rosados.

– E os quais não poderia ver; quanta amargura para um coração de mãe! Dou graças por ter agido assim. Paul já deve estar casado com uma bela inglesa e sentindo-se feliz. Ao meu lado a vida seria monótona para ele. Ele gostava tanto da vida ao ar livre, de sol, de passeios, e eu teria sido um fardo em sua vida. Os amigos lhe diriam: "Mas tua mulher é cega?" E ele ficaria mal para responder, iria se sentir humilhado.

– São suposições, Michele, apenas suposições. Paulo pode ainda estar solteiro e levar uma vida de solidão. Isso tu não pensas.

– Não acredito. O celibato é natural entre os egoístas e Paulo jamais o foi. Além do quê, pelas descrições, ele era um homem bonito, e a beleza foi e será sempre a maior atração física. Se ele não tivesse encontrado outra, poderia nos ter escrito; ofereci-lhe minha amizade, e no entanto nunca nos mandou um cartão que fosse. Confesso, mamãe, que sua atitude no primeiro ano me trouxe decepção. Hoje falo com naturalidade, embora não o tenha esquecido e não sinta mágoa.

– Nem podias sentir, quando foste a única culpada.

– Mas por que estamos falando de Paul? Começamos com outro assunto e acabamos nas recordações.

– E ficaste triste com elas?

– A senhora não fica quando fala em papai? Não aumenta a saudade?

Louise secou uma lágrima e convidou a filha para dormirem.

* * *

Michele estava enganada no julgamento que fizera de Paulo Beson. Na verdade, ele tinha ficado apenas um ano em Londres e retornara à França com a intenção de procurá-la ainda uma vez e pedir-lhe que casasse com ele. Se ela não no aceitasse, estava disposto abandonar o país para sempre.

Mas quando regressava da Inglaterra, sofreu um acidente na viagem. Socorrido por companheiros, esteve entre a vida e a morte por dois longos meses. Mas não era o mesmo: uma das pernas foi amputada e no braço direito sofreu contusões tais que, atingido o nervo, ficou paralisado. Não mais voltou ao trabalho. Não era mais o oftalmologista dr. Paulo Beson. Era agora um ser aleijado que arrastava a existência, despido de todas as esperanças. Morava com a velha mãe que era toda cuidados e carinhos, e um irmão mais moço que em breve seria o dr. Clark Beson, médico famoso pelos atos caritativos. A velha Mathilde, a mãe, desejou procurar Michele e contar-lhe a verdade, mas Paulo jamais consentiu.

– Não, mãe, conheço Michele; ela viria ao meu encontro e seria sincera, confessaria o seu amor por mim. Amor de que jamais duvidei, embora ela afirmasse ser fraterno. Mas agora é tarde demais. Deus assim o quis, cumpra-se a Sua vontade.

E os anos foram passando, ambos na mesma cidade sem que um tivesse notícia do outro.

Michele o julgava casado e feliz e Paul, embora pudesse andar com auxílio de muletas, não saía de casa para não se visto por amigos e principalmente pelo temor de encontrar François. Não queria que Michele tomasse conhecimento de sua desdita, e no entanto, ambos estavam acorrentados pelos elos do pensamento

Mas estava escrito que ainda haviam de se encontrar.

No rigoroso inverno de 18.., certa manhã, bateram à porta da família François Le Blanc. O criado introduziu a visitante na sala de visitas, pedindo que aguardasse alguns instantes.

Louise entrou, estranhando a presença de uma desconhecida em hora tão matinal, além do intenso frio que fazia. Quem seria?

Viu-se frente a uma senhora bem entrada em anos, cabelos grisalhos, olhar bondoso, fisionomia simpática, que um pouco sem jeito se ergueu, estendendo-lhe a mão e se apresentando.

– Senhora, sou Mathilde Beson e peço-lhe desculpas por me apresentar em hora importuna, mas não tive outra alternativa.

– Seja bem-vinda à nossa casa – respondeu Louise sorrindo, mas com o coração a bater acelerado.

– Creio estar na presença da senhora Louise, mãe de Michele.

– Perfeitamente, sou Louise; e a senhora é a mãe do dr. Paul?

– Sim, há muito desejava procura-la e falar sobre meu filho, mas não o fiz por imposição dele, justificável imposição. Hoje, porém, não hesitei e à sua revelia aqui estou. Não posso permitir que meu filho morra sem ainda uma vez ver a figura da mulher amada, a sua Michele.

– Como? Paulo está doente? É grave? Por que não nos procurou antes? Nós julgávamos que estivesse na Inglaterra, casado, feliz. O que lhe aconteceu?

Em rápidas palavras Mathilde contou tudo, o regresso do filho, sua intenção de renovar o pedido de casamento a Michele, o desastre e suas consequências, a obstinação em não querer que ela soubesse do ocorrido e até mesmo a pobreza em que viviam.

– E agora – acrescentou – está mal, há três dias a febre não cede e não para de chamar por Michele. Por isso, senhora, aqui estou e peço-lhe encarecidamente que permita que sua filha me acompanhe. Ela poderá mesmo salvar a vida de meu filho...

– Senhora Mathilde, vou prevenir Michele e já retorno para sairmos juntas. O que estiver ao nosso alcance será feito; seremos uma só família a lutar pelo nosso ente querido.

Passados uns quinze minutos, Louise retornou à sala, acompanhada de Michele. A moça, trêmula e pálida, tateando, buscou as mãos enrugadas de Mathilde e beijou-as. Envergava agasalhos quentes e Louise colocou pesada manta sobre os ombros da veneranda senhora.

Fora, tomaram um coche que em menos de meia hora fez o percurso.

A casa do dr. Beson era simples, pequena e um tanto escura. Louise, habituada a guiar a filha, subiu com ela alguns degraus. Na sala, modestamente mobiliada, um rapaz alto veio-lhes ao encontro.

– É meu segundo filho, senhora Louise, estudante de

medicina, agora em férias. Clark, está é a senhorita Michele. Como está teu irmão?

– Ainda dormindo, e seu estado inspira cuidados. O dr Charmont veio vê-lo e diagnosticou pneumonia. Aconselhou-me a chamar um padre, se formos católicos.

– Sim, sim, depois cuidaremos disso, agora o melhor médico será Michele. Vem comigo, minha filha – e Mathilde tomou seu braço, conduzindo-a para junto do leito, recomendando que se sentasse.

Louise a seguiu e ficou de pé a observar. A luz mortiça de uma vela dava um aspecto sombrio ao quarto. Mathilde abriu um pouco a janela e só então a fisionomia de Paul se destacou. Louise teve um estremecimento e agradeceu a Deus por Michele não ter visão naquela hora. Ali estava um quase velho. Mas para sua filha ele seria sempre o mesmo Paul que conhecera.

– Michele – Michele, onde estás? Sei que me amas, por que te recusas a me fazer feliz? Não quero que Michele saiba... Michele, por que não vens?

– Estou aqui, querido, mas não como tua irmã, aqui estou como tua noiva.

– Noiva? Quem falou em noiva? Essa voz...

– Paul, ainda me queres? Sou Michele.

– Mamãe... Miche... Onde estou?

De olhos fechados, ele continuava falando, para bruscamente para logo recomeçar.

Michele passava as mãos pelos seus cabelos, numa carícia permanente, tudo fazendo para despertá-lo.

– Paul, Paul, meu filho, há visitas para ti. Michele, a tua Michele, está ao teu lado, meu filho.

– Sim, querido, aqui estou e agora não nos separaremos mais. Estamos ligados pela desventura, somos mais felizes assim.

– Michele... Essa voz é de Michele... reconheço entre todas as outras... Como é bom sonhar, no sonho ela me quer tanto...

– Não é sonho, Paul. Aqui estou em pessoa. Não te vejo, continuo cega, mas tu podes me ver. Mamãe está comigo, ela continua sendo tua amiga. Olha, estamos todos juntos de ti, tua mãe, teu irmão, mamãe e eu, a tua ceguinha.

Paul abriu os olhos, piscou diversas vezes, depois sorriu, um sorriso triste.

– Michele, por que demoraste tanto? Estás cada vez mais linda. Agora é tarde demais, sou um imprestável, uma sombra de homem. Nada mais posso te oferecer. Tivemos o mundo aos nosso pés e...

– Paul, quero teu perdão. Minha obstinação te levou a sofrer, mas juro, querido, queria que fosses feliz e sem querer te levei à ruina.

– Michele, padre Pierre se aproxima, por que o chamaste? Não posso mais me unir a ti.

Ao ouvir falar no irmão, morto havia tempos, Mathilde recuou assustada.

– Clark, teu irmão delira cada vez mais. Precisamos fazer alguma coisa. Não seria melhor novos sinapismos?

Ajudada por Louise, Mathilde preparou uma pasta de mostarda com alho e aplicou no enfermo. Ele, aos poucos, se acalmou e voltou a dormir, agora um sono calmo.

Uma hora depois acordou em plena lucidez, e só então reconheceu os presentes.

Beijou as mãos de Michele e perguntou por François, vendo Louise só com a filha.

– Papai não veio conosco, Paul, está ausente de Paris – mentiu Michele, temendo despertar emoções que o prejudicassem.

– Michele, eu não queria que soubesses mas agora agradeço a tua vinda. És o anjo bom que me ampara sempre. Voltarás a me ver? Minha irmã não pode me abandonar para sempre.

– Voltarei sempre, querido, e quando estiveres bom, uniremos nossas vidas.

– Não, Michele, agora sou eu quem não deve aceitar-te. Não tenho o direito de sacrificar teu futuro. Seremos bons irmãos, é a vontade de Deus.

– Paul, estou perdoada?

– Sim, querida, agora acho que tinhas razão... Michele, te quero muito, mas é o fim de nossas ilusões... Tenho sono, sinto que vou dormir... Michele! Mi...

Não pronunciou o resto. Mathilde e Louise gritaram ao mesmo tempo. Paul de pálido ficara branco, e deixou de respirar.

* * *

Mais de um mês havia decorrido.

Michele era uma sombra a vagar pela casa. A nostalgia aumentava dia a dia e o alimento era por vezes recusado. Louise tudo fez para tirá-la daquela condição, e como resultasse inútil, apelou para a energia, um tanto agressiva.

– Michele, não posso mais tolerar tua atitude. Nada te falta. Estás cercada de carinho e de afeto, que mais queres? Onde está a fé que plantaste no coração quando perdeste a visão? Onde os ensinamentos sublimes que tão bem sabias apregoar? Estás com a volúpia do sofrimento? Todos nós, mais cedo ou mais tarde, perdemos alguém, e no entanto a vida continua, não pode ser desmoronada por nossa fraqueza. É tempo de reagires.

– Mamãe, sei que a senhora tem razão. Estou atormentando sua vida e tirando-lhe o sossego. Hoje, precisamente hoje, estive refletindo muito e reconheço o meu erro. Suas palavras me alertam o espírito. Passei noites sem dormir, sentia-me a única culpada, não da morte de Paul, mas por ter ele um triste fim de vida. Ele foi para Londres fugindo de mim que não o aceitei.

Hoje refleti e me foi possível orar com o coração. O pesadelo está desaparecendo como que por encanto. A tranquilidade está começando a tomar conta de mim. Perdoe a aflição que lhe causei, mamãe. De agora em diante saberei superar a aflição.

Aos poucos, as faces de Michele readquiriram a cor rosada, a fisionomia votar a ter o mesmo ar sereno e o amigo piano foi lembrado. Voltou a tocar diariamente o Hino à Virgem e as músicas que tinham agradado mais a Paul. Novamente a fé tinha vencido o desespero.

* * *

Um ano mais tarde, primeiro aniversário da morte de Paulo Beson, Michele manifestou o desejo de ir visitar sua sepultura e levar algumas flores. Louise concordou, e juntas partiram para o cemitério. Oraram pelos entes queridos sem chegar a derramar lágrimas aflitas.

Já se retiravam quando foram envolvidas por um alarido, confusão de vozes, soluços. Louise tomou o braço da filha e apressou os passos. Logo depois do arco de saída, um aglomerado de pessoas indicava que algo sério havia ocorrido. As vozes continuaram e elas puderam ouvir frases soltas: "Coitada, está sangrando... Ela foi culpada... atravessou na frente... talvez não enxergasse bem... Mas quem será? Não adianta médico... está morrendo...

– Mamãe, está ouvindo? Temos o coche à nossa espera, talvez possamos ser úteis.

– Espera-me aqui, Michele, vou me certificar; parece algum atropelamento.

Louise se dirigiu ao grupo formado e indagou de um senhor que, contristado, lhe deu algumas informações:

– Senhora, foi tudo tão de repente... Eu ia caminhando distraído quando ouvi o grito; já era tarde, os cavalos pisoteavam o corpo da infeliz e o cocheiro a custo os dominou. Ele saltou para prestar socorro, mas ao ver o corpo estendido numa poça de sangue, ficou descontrolado e saiu a correr como doido.

– Mas não se pode fazer nada por essa mulher? Tenho carro à minha espera e posso transportá-la a um hospital, se ainda estiver com vida.

– Boa ideia – disse outra voz – ela ainda respira.

– Seria melhor que a senhora não olhasse, é horrível.

Mas Louise já tinha avançado; ajoelhou-se junto ao corpo e pousou a mão sobre o coração; ainda havia um sopro de vida, mas se extinguia lentamente.

– Creio que é tarde demais, a vida está se esvaindo. – e quando os homens tentaram erguê-la, nada mais podia ser feito. A mulher havia expirado.

Louise se ergueu lentamente e foi se retirando. Foi detida por uma menina que até então não percebera. Devia ter uns 10 anos, era magra, franzina, mal vestida.

– Dona, eu não tenho para onde ir... a senhora não me quer?

– Quem é você, pequena? Por que está aqui? Como não tem para onde ir?

– Eu estava com ela – e mostrou o corpo estendido no chão.

Como a curiosidade começasse a cercar a menina, Louise se retirou dali, levando-a para junto de Michele. Estavam para tomar o coche, quando o mesmo cavalheiro que dera as primeiras informações se dirigiu a Louise:

– Senhora, esqueça o que viu aqui para não ter complicações com depoimentos. Sou da polícia e quero ajudá-la. A senhora é uma alma caridosa e deve ser recompensada pelo gesto fraterno. Cuide da menina, que deve ser uma sofredora; eu cuidarei do resto. Depois veremos.

– Mamãe, o que houve? Quem é essa menina? Está aqui?

– Sim, Michele, em casa te explicarei tudo. Esta é minha filha, senhor...

– Louis Grimet, para servi-la.

– Obrigada, senhor Grimet.

Ele, de imediato, percebeu que a moça era cega, mas não fez nenhum comentário. Ajudou-as a subir no coche e voltou para cumprir suas obrigações de policial.

Era noite quando, para surpresa de Louise, Grimet bateu à sua casa.

– Perdoe-me, senhora, mas estou aqui para tratar da menina. Fiz investigações e ela não tem parentes. Posso encaminhá-la a uma casa de caridade.

– Senhor Grimet, posso saber como descobriu o meu endereço? – disse Louise um tanto contrariada.

– Sou policial, senhora, e o cocheiro que a conduziu é um velho conhecido.

– Veio para levar a pequena Nancy?

– Não propriamente para levá-la, mas para decidir o que fazer com ela. A senhora não tem obrigações e talvez não queira ficar com ela, e nesse caso...

– Senhor Grimet, desejo que ela fique conosco. Creio que a tratarei melhor do que está habituada e do que nas casas de caridade que a receberiam sem afeto. Nancy já sofreu muito e aqui encontrará carinho. Não tem mais a mãe e sofria maus tratos na casa daquela pobre mulher atropelada.

– Eu poderia falar com ela?

– Sem dúvida. Michele está contando histórias a ela. Queira me acompanhar.

O policial seguiu Louise até o quarto que fora de Michele. Estacou surpreso. Além do ambiente luxuoso, o que viu o deixou surpreso.

Nancy, envolta em cobertas finas, limpa, perfumada, penteada, sorria para Michele que lhe afagava os cabelos e contava histórias.

– ...e a fada boa apareceu.

O policial, que não fora percebido, saiu, procurando não chamar a atenção.

– Senhora, gostaria de conhecer seu esposo, deve uma pessoa admirável.

– Sou viúva, senhor Grimet. Mas meu marido era, na verdade, uma pessoa de sentimentos nobres.

– Pelo que vi, a senhora e sua filha igualmente. Creio que só me resta agradecer e deixar a menina onde será tão bem tratada.

– Mas o senhor não queria falar com ela?

– Está tão distraída que não quis fazê-la falar de coisas tristes. Basta o que já aconteceu.

– E já puderam identificar a morta?

– Sim. Seu nome era Helaine e tinha sido casada com Armand Dullée. Uma pobre criatura aparentemente sem mais família.

Louise não demostrou seu espanto nem fez qualquer comentário. O policial agradeceu novamente e despediu-se:

– Até outra vista, senhora, e boa noite.

Como o mundo é pequeno, pensavam mãe e filha. O sr. Grimet confirmara as palavras de Nancy. Jamais poderiam supor que um dia se defrontariam com a mulher que arrasara a vida de Armand, e em que situação! Louise ainda conservava a imagem daquele rosto deformado, arroxeado, cheio de equimoses. Devia ter sido bela na mocidade. Mas sob a beleza, a alma devia ter sido sempre defeituosa. Armand sofrera, o sr. Gerard e a filha tiveram a vida atormentada. E agora ali estava Nancy, outra vítima de seu espírito mesquinho. A mãe de

Nancy fora empregada de Helaine. Sob maus tratos constantes, um dia desaparecera, sem levar a filha.

Pobre Helaine, iria pagar alto preço por seus erros.

No dia seguinte Louise providenciou roupas para a menina, comprou-lhe sapatos, pertences diversos e alguns brinquedos, que fizeram a sua felicidade. Mas, habituada ao trabalho, logo deixou de lado as brincadeiras e foi pedir a Louise que lhe desse serviço.

Louise riu com a intenção da menina, mas, para não magoá-la, disse com bondade:

– Não, minha filha, não estás aqui para ser empregada; serás nossa companheira e te daremos algumas tarefas que combinem com tua pouca idade. Já que desejas fazer alguma coisa, vais ajudar Michele.

Nancy ficou satisfeita com a resposta e a todo momento procurava Michele para saber se precisava de alguma coisa.

– Sim, Nancy, preciso que me alcance o pente. Sim, Nancy, preciso que me acompanhe à sala. Nancy, queres ir comigo beber água?

Assim a menina passou a se julgar útil. Quando Michele se sentava ao piano Nancy ficava ao seu lado, sempre solícita e carinhosa. Às vezes a interrompia, movida pela curiosidade:

– Como a senhora pode tocar se não enxerga? Eu vejo tudo e não sei. A sua mãe não sabe tocar por quê?

Michele beijava aquele rostinho e pacientemente respondia a todas as perguntas, por mais disparatadas que fossem. Ao mesmo tempo, começou a ensiná-la, conhecimentos básicos de várias matérias, enquanto providenciavam alguém que viesse dar-lhe aulas em casa. Era esperta e assimilava tudo com facilidade.

E assim aquele lar foi aumentado e as duas, mãe e filha, encontraram um motivo novo de alegria. Os dias foram passando mais amenos.

Mas essa felicidade também não seria duradoura.

Michele, desde a morte de Paul Beson, sentia, de quando em quando, uma pontada fina no lado esquerdo, à altura do coração. Como não era frequente, resolveu silenciar, evitando preocupações à mãe.

Uma noite, como há muitos anos atrás, Michele foi para o piano quando todos dormiam. Iniciou o Hino à Virgem, com muito sentimento. Como da outra vez Louise acordou e enquanto acendia uma vela, ouviu um baque surdo. Correu e encontrou a filha caída. Desesperada, gritou pelos criados e curvou-se, tentando erguer a filha.

– Mamãe... eu vi... a Virgem... me buscar...

– Michele! Filha querida! Michele!

– E Louise, aos soluços, erguia a cabeça da filha, tentando devolvê-la à vida.

Os olhos de Michele saíram das trevas. Uma outra luz a envolveu.

* * *

6
Luz e trevas

Michele sentiu-se amparada por braços carinhosos e recordou que seu corpo estava caído junto ao piano. Quis se debater para voltar a ele, mas a vontade foi aos poucos enfraquecendo. Seria um sonho, talvez, e se acomodou mais nos braços amigos que a transportavam. Gostoso dormir, dormir e sonhar... Voar na amplidão do espaço.

Os braços a soltaram, mas não volveu ao corpo pesado. Estava num outro, mais leve. Lentamente abriu os olhos; havia luz. Lembrou-se do Hino à Virgem, a luminosidade crescendo, a imagem sagrada surgindo. Não era sonho. Estava convicta de que isso ocorrera. Mas onde a imagem? Voltaria às trevas como da outra vez? Uma lágrima lhe escorreu pela face...

Essa foi a entrada de Michele espírito ao retornar ao Lar Unido.

– Não convém que lhe falemos hoje, Kelag – disse o diretor – As vibrações de angústia e desespero da mãe e da menina Nancy estão muito fortes. Após o enterro do corpo, Michele estará em condições de nos ouvir. Providencia para que esteja em completa paz e isolada de todas as vibrações de dor ou tristeza.

Na terra distante lágrimas e lamentações circundavam o corpo que pertencera a Michele Le Blanc. Nancy era toda dor e sofrimento; não se afastava da amiga querida. Louise, enquanto secava as lágrimas, procurava se consolar pensando: "Pobre filha, quantos anos viveu em trevas, sofreu tanto, agora descansou". Depois procurava consolar Nancy:

– Agora, minha filha, Michele voltará a ver. Vai para o céu

e nos verá aqui juntas. Tu serás minha companheira, ficarás no lugar da minha Michele.

– Mas eu queria ir com tia Michele, queria ficar no céu ouvindo quando ela tocasse músicas bonitas...

Frases comoventes eram ouvidas por toda a casa. Clark esteve presente e depositou um beijo na testa de Michele--corpo, lembrando-se do irmão. Mathilde ainda vivia, mas não compareceu; seria penoso demais. Sofrera tanto com a morte de Paul...

Os parentes de François embora avisados, não compareceram ao ato fúnebre. Infelizes... Passariam pela morte do corpo mais breve do que pensavam. Quase à hora marcada, Grimet apareceu, solícito. Foi ele, com seu ar simpático e bondoso, que conseguiu tirar Nancy de perto do corpo no momento mais delicado. (Um dia, não distante, faria parte daquela família, nas segundas núpcias de Louise, segundo a determinação do Alto. Seriam, na face da terra, os protetores de Nancy).

* * *

Michele levantou-se do leito macio. Sorriu encantada: "Eu vejo a luz, vejo flores, estou curada!" E ajoelhou-se para agradecer ao Pai Infinito o retorno da visão. Uma presença se fez junto dela.

– Michele, não me conheces mais?

– Não estou lembrada... Estive tanto tempo na escuridão... Mas reconheço a voz, ela me acompanha sempre. Ainda ontem a ouvi. Ontem? Mas ontem eu estava na minha casa, e hoje, onde estou? Onde estão minha mãe e Nancy?

– Michele, elas estão no lar terreno e tu regressaste à Pátria Espiritual. Ontem deixaste o mundo material, teu corpo físico lá ficou e tua alma veio ao nosso encontro, velhos companheiros e amigos. Vou ajudar-te a recuperar a memória. Estiveste aqui outras vezes, mas há um esquecimento natural. Almas há que levam tempo maior ou menor para se refazerem totalmente. As delinquentes passam anos, quando não séculos, sem atinarem se estão no mundo físico ou no extrafísico. Mas aquelas conscientes do bem e que o souberam praticar, ao nosso menor contato conseguem perceber o próprio estado. Sabem que deixaram na terra o corpo que lhes abrigou a alma imortal.

– Sim, começo a compreender; vivo agora num mundo diferente, no mundo das almas.

– É isso, e vais te lembrar de quando daqui saíste. Também te recordarás de mim, como te recordas de teu pai e de Paul, que te precederam.

– Sim, deles me lembro muito bem. Paul... Pobre Paul... sofreu por minha causa.

– Tuas recordações são nítidas, mas abrangem tão somente a tua última vida. Agora, retrocedendo no tempo, voltarás a ser Ângelo, aquele que partiu daqui num corpo feminino, para resgatar penosa dívida. Mira-te, olha a tua própria figura...

– Deus... Sou um homem... Kelag! Quanta alegria, meu bom e querido Kelag! Sim, lembro-me agora... Pedi a Plauto que me concedesse a oportunidade de resgatar um crime cometido há séculos, na Tartária. Foi quando ceguei uma jovem. E agora me libertei da cegueira... É a lei de causa e efeito... É isso, meu caro Kelag.

– Isso mesmo; usaste o corpo de Michele, padeceste a cegueira, e agora tens a ventura da libertação. Vamos agora ver nosso diretor. Ele te aguarda.

– E como vou me apresentar a ele? Como Ângelo ou como Michele?

– Estás um pouco embaraçado; o espírito não tem sexo. Em geral toma a forma da última existência. Mas como foste apenas resgatar uma dívida e o conseguiste, poderás figurar como Ângelo mesmo. Estarás mais a vontade porque de longa data te apresentas como espírito masculino.

Ao se aproximarem da sala do diretor, Ângelo teve plena recordação da última vez em que aí estivera, dos conselhos que recebera e das promessas que fizera. O coração bateu acelerado. Teria cumprido todas? Lembrou-se de Paul. Fizera-o sofrer... Tinha direito? Não teria contraído outra dívida para com ele? Chegou a temer que tivesse fracassado.

– Sê bem-vindo à nossa colônia, caro irmão – disse Plauto, num abraço amigo – Por que estavas com receio de entrar?

Se tivesses rompido os compromissos assumidos, não estarias aqui. Passarias pelas zonas purgatoriais, como passaste tempos atrás.

Plauto pegou a ficha de trabalho da entidade e começou a ler:

Nome – Michele Le Blanc
Filiação – Louise e François Le Blanc
Lugar de origem – Shangai, China
Resgate culposo – Cegueira = bem aceita. Resignação e paciência
Instrumento humano a cobrar a dívida – Indiano El-Rama-Y-Lá = perdoado. Não houve ressentimento; chegou a enviar-lhe pensamentos fraternos.
Religião – Católica = bem cumprida
Ensinamentos terrenos – Sacerdote malaio Ohmana = bem aceitos e transmitidos aos pais
França-Paris – Submissão à Lei Suprema. Sem revolta contra médicos
Intervenção de Kelag, protetor – Bom aproveitamento
Inspiração superior – Hino à Virgem = perfeito
Mérito – Vidência de luzes e da imagem da Virgem
Encontro com antigo desafeto – Armand Dullée = normal
Prova perigosa – Encontro com Paul Beson – Risco de fracasso = Conseguiu vencer
Falta do pai – Submissão resignada
Novo encontro com Beson – Não houve fracasso por intervenção de Kelag. Depressão = superada a custo. Faltou fé. Auxílio materno.
Serviço extra – Nancy = amor e dedicação
Outras provas – Riqueza e luxo = superada
Regresso – No devido tempo

– Esta é a ficha preliminar. A completa já foi encaminhada aos nossos Altos Comandos. Nela, todos os atos, desde o primeiro vagido até o último suspiro, foram rigorosamente registrados.

– Quer dizer que eu não devia mesmo me unir a Paul Beson? Temia ter fracassado por não o ter aceito.

– Era uma prova para ambos e ele demorou a compreender. Mas agora há trabalhos diferentes a serem executados.

Terás alguns dias de folga, tempo necessário para teu próprio equilíbrio, e depois irás participar do grupo socorrista. Até lá, Kelag irá te transmitir alguns esclarecimentos, do que te parece obscuro.

– Sim, Ângelo, hoje estou com o tempo tomado: há na terra alguém que espera por nosso auxílio; mas amanhã estarei contigo.

No dia seguinte, nas horas matinais, Ângelo e Kelag saíram para o parque do Lar Unido. Suave perfume de flores trazia verdadeiro encantamento àquele retiro harmonioso.

– Kelag, posso saber onde se encontram meu pai e Paul? Estarão aqui?

– Ambos são espíritos credenciados e se encontram em tarefas urgentes de auxílio. Neste momento estão na distante Paris, levando conforto ao lar que até agora habitaste.

– Quer dizer que meu pai está junto de minha mãe?

– Sim; passará lá 30 dias e depois voltará para novos encargos. E Paul está junto de Mathilde, prestes a desencarnar. Logo poderás abraçá-los novamente.

– Mas não me reconhecerão neste aspecto de Ângelo; poderei usar a forma de Michele em sua presença?

– É justamente o que acontecerá, mas apenas para facilitar a identificação. Vocês estão ligados há séculos, e com o tempo, se integrarão nessa verdade. François, por exemplo, já foi teu pai quando viveste na Grécia. E Paul foi, naquela época, tua irmã Leda, a quem decepaste o braço. Nesta última vida, inverteram-se os papeis: ela desceu usando um corpo masculino e tu um feminino. Amaram-se com ardor, mas, obedecendo ao programa estabelecido, não podiam unir-se em casamento. O amor devia ser fraterno, já que àquela época, como tua irmã, não se integraram na lei da fraternidade.

Vê, Ângelo, como a Lei Divina é sábia. Deves estar recordado de que sofreste a cegueira porque cegaste alguém, sendo eu teu cúmplice. Esse alguém, a jovem tártara, foi depois tua inimiga Ming; mais tarde, Leda, e agora Paul. Ele, embora esquecido na matéria, sentia não poder curar-te os olhos. Eram vagas e longínquas reminiscências que mostravam estarem ligados num mesmo drama, o da cegueira. Paul, evangelizado, buscou curar-te e tu pressentias que teu mal não tinha cura. Ele já está ciente de tudo e agradece ao Pai ter ficado quase inutilizado, assim se afastou de ti, e só se reaproximaram quando ele estava em condições de te aceitar como irmã.

– Sim, compreendo; e é maravilhosa a lei de causa e efeito a se cumprir. Quando eu ofereci a ele um amor fraterno foi sugestão tua, Kelag?

– Sim, meu amigo. Enquanto relutavas contigo mesmo, eu, ao teu lado, fazia advertências; e quando quiseste ser a noiva de um moribundo, ele já estava, pela proximidade da morte, ciente de que só poderias ser uma irmã.

Ângelo, meditando sobre sua vida em Paris, lembrou-se de Armand. Teve um estremecimento violento. Mas antes que perguntasse se ele tinha sido vítima ou carrasco, inocente ou culpado, Kelag se apressou a esclarecer:

– Estremeces pela grosseira vibração que o pobre Armand ainda possui. Ele é um infeliz que saiu da vida odiando o sexo oposto. Na verdade, ele foi caluniado pela mulher que não soube controlar o ciúme doentio. Mas eles também estavam vivendo dramas do passado, drama aliás em que tomaste parte, daí teres conhecido Armand e sua história. Ele tinha sido o mandarim Chueng-Wu, que acolheu Ming quando esta tirou tua vida, a vida de Li-Itsang. E Helaine, outrora a serva Sing-La que, explorando o segredo do patrão Chueng-Wu, fez com que ele, mesmo desprezando-a, a tomasse como concubina. Depois disso tiveram vidas entrelaçadas, mas Helaine ainda não conseguiu dominar o ciúme que a corroi há séculos. Nesta última vida, foi a primeira vez que Armand a amou de fato, mas não soube ser forte ante a maledicência da esposa. Odiou-a e também odiou a filha de Gerard, que também já tinha sido seu inimigo implacável.

– E onde está Armand?

– Penando por aí. Sofre tormentos dolorosos, pois foi o causador do desastre que liquidou Helaine. Ele, como espírito revoltado, provocou sua passagem na frente dos cavalos. E ela não sofre menos. Voltarão à terra e se ajudarão reciprocamente.

– Já que estou envolvido, tomara que possa ajudá-los futuramente.

– Mais cedo do que supões. Vamos, em breve, sair para auxílio à zona purgatorial (Umbral). Temos diversas entidades sofredoras sob nossa tutela. Algumas já se mostram cansadas da prática maldosa e nos será fácil socorrê-las. Outras padecerão ainda longo tempo mas um dia virão até nós.

Alguns dias se passaram e Kelag voltou a buscar o amigo.

– Nossa turma de observação localizou Armand e Helaine e outras entidades que precisam de nosso auxílio com urgência. Como te sentes? Gostarias de nos acompanhar?

– Sinto-me em ótimas condições e estou pronto a dar minha pequena, mas sincera contribuição.

– Então, a caminho! Giovani nos espera a pouca distância.

– Giovani? Será meu pai adotivo?

– Ele mesmo. Vejo que tua memória está praticamente recuperada.

Usando a volição, em minutos atingiram o ponto onde duas entidades luminosas os aguardavam.

Giovani veio ao encontro de Ângelo, envolvendo-o num afetuoso abraço e depois, voltando-se para sua acompanhante:

– Esta, meu filho, é nossa irmã Cecília; está há pouco tempo em nossa companhia. Merecendo um lugar melhor, preferiu dar aqui a sua quota de amor e sacrifício.

Cecília sorriu intimidada e cumprimentou os recém-chegados, dizendo:

– Giovani disse o que estou longe de merecer. Aqui fiquei porque sou mãe, e qual é a mãe que não procura se desvelar pelo filho? Meu pobre Armand precisa tanto de mim...

Os quatro se puseram a caminho. Em pouco a marcha se tornou lenta, a estrada agora era pedregosa e escura e já se ouvia lamentações, gritos e soluços. Avistaram uma pequena luz amarelada que piscava ininterruptamente.

– Lá está Pedro; deve ser a entrada da caverna.

Pedro estava ali de sentinela. Saudou os recém-chegados e foi lhes servindo de guia. Começaram a descer por uma trilha; ora limosa e escorregadia, ora bastante lamacenta. Atingiram o interior. Ali devia ser o inferno descrito por Dante.

Corpos apodrecidos, exalando odor horrível, se digladiavam em luta selvagem; outros, estirados em placas lamacentas, pareciam dormir.

Ouvia-se gritos, lamúrias e pragas, gargalhadas sinistras e soluços lamentosos. Um morcego, de tamanho descomunal, cruzou o ar. A gritaria aumentou e com ela o gargalhar apavorante.

Cecília estendeu o braço, apontando dois corpos extenuados. Tinham lutado até cair.

– São eles – murmurou – Vamos, no estado em que se encontram não farão resistência.

Uns passos mais e Kelag, auxiliado por Giovani, ergueu de uma só vez os dois corpos estendidos; Cecília segurou o minúsculo farol, enquanto Ângelo e Pedro se ocupavam de duas outras entidades que dormitavam na lama. Deixaram a caverna sem serem pressentidos pela turba infeliz que ali ainda continuaria por algum tempo. Só pararam ao atingir a estrada coberta de relva. O perigo havia passado. Os padioleiros estavam a postos. Não longe dali, havia um posto de enfermagem e para lá se dirigiram. Os recolhidos foram colocados em alvos leitos e, após os socorros de emergência, entraram em sono profundo.

Ângelo perguntou se eles seriam levados para o Lar Unidos naquele mesmo dia.

– Não, convém que permaneçam aqui algum tempo. Ainda gritarão, praguejando contra nós. Quando estiverem em melhores condições serão transportados e esclarecidos.

– Irmão Kelag, eu poderia ficar algum tempo junto de meu filho? Talvez possa abreviar o despertamento de sua consciência; se me for dado servir, tentarei com os outros também, inclusive o anão que tanto se debateu pelo caminho.

– Está bem, Cecília, de qualquer modo tua presença será mais útil que a nossa. Em breve nos veremos em nossa colônia. Até lá, e que Deus e o Mestre Jesus te fortaleçam.

Nos dias subsequentes, Ângelo e os companheiros levariam conforto a criaturas que na terra, em diferentes lugares, passavam por provações dolorosas ou se debatiam nas trevas da própria ignorância.

Quando voltaram a ver Armand, acharam-no bastante mudado. Embora ainda avesso ao contato feminino, já manifestava uma diminuição da revolta.

Helaine demonstrava ligeira melhora. Ainda padecia crises periódicas, entre o ciúme devastador e o arrependimento tardio, mas aos poucos manifestava alguma transformação.

* * *

– Plauto, recebi teu chamado e aqui estou. Posso ser útil em alguma coisa?

– Ângelo, faz oito meses que deixaste sepultado na terra o teu último corpo, o corpo de Michele. Precisas voltar ao lar terreno para auxiliar tua mãe.

– Ela está enferma?

– Não, está com saúde, mas reluta em aceitar um novo casamento. François tentou persuadi-la, mas não teve êxito. Quando se aproxima, Louise se torna mais saudosa e fiel à sua memória e repele o pretendente. Essa união deve ser realizada em benefício de Nancy e já é tempo de solucionar o caso. Grimet irá hoje renovar o pedido e tu ficarás alerta, fazendo com que tua mãe o aceite.

– Meu pai está de acordo? Julguei que...

– François sabe o que convém à tua mãe e também à menina. Ele e Grimet são velhos companheiros e amigos, embora nunca fossem ligados por laços consanguíneos. Mas outrora detrataram Nancy, e hoje ambos procuram ampará-la e restituir-lhe o que lhe tiraram.

– Quando devo partir? Aguardar a noite?

– Não, seguirás imediatamente; mudarás agora a forma que te reveste, transformando-te novamente na figura de Michele, conservando porém toda a visão que possuis.

Em alguns minutos Ângelo tomou a forma de Michele.

– Estás pronta; podes partir e boa sorte.

François acompanhou a filha até a entrada do lar e de lá foi para junto de Grimet. A ele caberia encorajar o amigo.

Não foi sem emoção que Michele penetrou no lar. Mesmo com as portas fechadas, entrou com todo o desembaraço. Como era bom voltar com a visão perfeita! A mãe continuava bonita, apesar dos anos transcorridos. Almejava ver Nancy; como estaria? Bonita, graciosa? Passou pela sala, fez uma carícia na mãe, beijou-a e se dirigiu ao quarto, mas ali não havia ninguém. Foi para o escritório do pai. Nancy, sentada à escrivaninha, tinha a cabecinha erguida e atenta. À sua frente estava um senhor a ditar frases. Michele beijou aquelas faces repetidas vezes e ela sentiu um leve arrepio, deixou o lápis e o professor chamou-lhe a atenção.

Michele se postou junto da mãe. Procurou então começar seu trabalho, e Louise se pôs a pensar em Grimet. Deveria aceitá-lo? Seria feliz como tinha sido com François? Não seria uma traição? Michele murmurava-lhe ao ouvido:

– Mas Nancy precisa tanto de um pai... Grimet será um bom pai. Ele é bom e generoso. E a senhora não terá uma vida vazia... A casa está tão triste... – Louise sorria e sentia-se mais animada.

– Mamãe, acabei a lição, posso brincar?

Louise, em doce devaneio, não se dera conta de que o professor tinha partido.

– Primeiro, filhinha, mamãe quer te dar um beijo – e Louise beijou-a com ternura – Agora podes ir brincar.

– Vou ficar aqui um pouquinho. Sabe, mamãe, estou com saudades de Michele. Ela está no céu mesmo? Lá ela toca piano?

– Filhinha, diariamente fazes as mesmas perguntas. Não tens outras?

– Tenho, sim, mamãe. A senhora gosta do tio Louis? Por que ele não tem vindo? Vou ficar doente e ele vai vir me trazer doces.

– Nancy, não desejes adoecer; quando estiveste adoentada passei por uma aflição; queres ver mamãe triste?

– Não, o que eu quero é ver tio Louis.

– Vais vê-lo, mas não agora. Podes ir brincar até a hora do jantar.

Nancy saiu correndo. Usava um vestidinho branco, muito rodado, que aumentava sua natural graça infantil.

Enquanto Michele fazia a preparação em casa, François buscara Grimet no serviço e sugeria a visita naquela noite.

O policial, após o jantar, vestiu-se com esmerado bom

gosto e saiu. Sem dar conta do que fazia, encaminhou-se para um mercado que vendia flores. Comprou belas rosas vermelhas e pensou: "Ou hoje ou nunca".

Louise, um pouco intimidada, recebeu as flores e as dispôs numa jarra chinesa, com muito bom gosto. Voltou à sala, trazendo a jarra, e colocando-a sobre o piano, sorriu para o amigo.

Louis Grimet tirou do bolso um pacote de balas e ofereceu-o a Nancy.

No começo a conversa foi banal. Ele desculpou-se pela ausência de alguns dias, ela perguntou-lhe pelo trabalho, falaram sobre a menina e se retraíram um pouco. Michele sugeriu a Grimet a pergunta que devia ser feita a Nancy.

Ele tomou-a nos braços, tirou uma bala que estava em sua mãozinha, tirou o papel e brincou: – Abre a boca e fecha os olhos – A menina riu satisfeita e recebeu a bala.

– Tu não querias ter um papai que te trouxesse balas todos os dias?

– Não, porque só gosto do senhor. Tio Louis, o senhor não podia ser meu papai?

Louise sentiu-se corar e, disfarçando, disse à menina:

– É hora de dormires, minha filha. Dá boa noite ao titio e vem com a mamãe.

Grimet ficou só na sala. Como voltaria a falar em casamento se já fora repelido? Na verdade, ele se precipitara, o luto de Louise era recente, mas talvez agora...

– Nancy não quis que eu lhe mudasse a roupa, mandou que voltasse para junto do seu papai.

– A propósito, Louise, quero te falar a respeito. Hoje não vim apenas cumprir um dever de cortesia. Estava receoso e até mesmo inibido, mas Nancy encoraja-me, assim como o teu sorriso. Venho para te renovar o pedido que te fiz há alguns meses. Somos duas criaturas amadurecidas, temos afeição um pelo outro, e creio possuir alguma qualidade que possas apreciar. Além de nós mesmos, temos essa menina, e juntos podemos dar-lhe um nome, preparando-lhe um futuro.

– Grimet, sinto-me feliz com tua proposta, mas talvez fosse melhor esperar mais algum tempo, não sei... Tenho um sentimento por ti, pude constatar quando te ausentaste.

– Então sentiste minha falta?

– Confesso que sim. As horas corram lentas e, por vezes, lamentei a minha atitude.

– Então, não vejo motivo para esperarmos se estás disposta a aceitar-me. Concordas em que nos casemos dentro de dois meses?

– Se é tua vontade... que seja. Quero, porém, que a cerimônia seja simples e sem ressonância social.

E Grimet beijou Louise delicadamente.

François e Michele podiam regressar ao Lar Unido; a missão estava cumprida.

* * *

Uma tarde, um grupo estava relembrando fases da vida terrena, quando Plauto foi ter com eles. Uns lamentavam pequenas falhas, outros faziam planos para futuras vidas.

Ele passou a ouvir os relatos, demostrando vivo interesse:

– Seria melhor que não houvesse a fase do esquecimento. Prometemos aqui, e lá, desconhecendo as promessas, é fácil recair nas mesmas faltas – disse um.

– Recuamos quando não estamos seguros de nossas possibilidades. É verdade que às vezes nos sentimos indecisos, mas se tivermos fé, escolheremos o melhor – respondeu outro.

– Mas isso nem sempre acontece. Eu já passei por essa experiência; tive bastante fé e não soube escolher o que me convinha – acrescentou um terceiro.

– Seja como for, mais cedo ou mais tarde voltaremos todos a ocupar corpos físicos, e quem poderá nos garantir êxito completo? – acrescentou mais alguém.

– O triunfo ou o fracasso está em nós – comentou Ângelo – Das últimas vezes, tenho conseguido melhorar, mas ao regressar, sempre vejo que fiz pouco. Gostaria mesmo de voltar à terra em seguida, para novas tarefas e poder evoluir mais. Não fui como Kelag, Pedro, Cecília, que abreviaram as vidas de resgate. Sei que ainda preciso de diversas existências para me purificar.

Então Plauto interferiu:

– Ângelo, poderás atingir o que desejas desde que te sintas forte para resolver o teu carma numa dor cruel.

– Seria uma bela tentativa, mas terei condições de enfrentar uma dor assim?

– Como te pareceu a cegueira? Foi uma prova além de tuas forças?

– Não, absolutamente. Na verdade, a visão me fez falta, claro, mas pela graça Divina, consegui passar o resto da existência sem grandes sofrimentos.

– Aí está; e no entanto, temias a prova. A Lei Suprema não permite expiações que ultrapassem as forças humanas.

– Nesse caso, gostaria de saber qual a dor que pode redimir o espírito em breve tempo.

– Na face da terra, equivale a um furacão de grandes proporções. Trata-se de grave doença, ainda incurável – o câncer. Causa grandes dores físicas, contudo há drogas que permitem alívio temporário. É um recurso que libera grandes quotas de energias degradadas do espírito, permitindo-lhe a liberação cármica intensiva.[2]

– Plauto, o meu maior desejo é conseguir a alforria espiritual – tornou Ângelo – Gostaria de voltar à terra nessa condição de canceroso.

– E eu também – disse uma entidade que atendia pelo nome de George.

Prometendo cuidar do caso, o diretor se afastou. Kelag o seguiu e os outros se dispersaram.

Cecília continuou dispensando atenções a Armand e Helaine. Queria vê-los pacificados quando estivessem em condições de se reconhecerem. Ele, após sentir doce calma com a presença materna, passou a amar a Virgem Maria. Assim, Cecília conseguiu que ele acabasse perdoando a pobre Helaine. Esta, aos poucos foi se habituando à ideia de que a culpa lhe coubera pelo desmoronamento do lar. Entrando por fim na fase do entendimento, Cecília pôde encaminhar os dois ao local onde receberiam, por um bom tempo, os esclarecimentos evangélicos e o auxílio para a conscientização espiritual que

[2] Para compreensão mais aprofundada da questão, consultar as obras de Ramatís: *A Origem oculta das doenças* e *Fisiologia da Alma*, ambas da Editora do Conhecimento (N.R.).

os preparasse adequadamente para novo mergulho na carne.

* * *

– Ângelo – informou Kelag – hoje desceremos à terra em auxílio a um enfermo em estado grave. Trata-se de um irmão encarnado no Brasil, lugar que ainda desconheces. Cecília, George, o padre Mathias irão conosco. Se houver necessidade, Plauto irá ao nosso encontro. Ele dispõe de recursos que estamos longe de possuir.

– E quando partiremos?

– Ao anoitecer. Até lá todos nós receberemos maior quantidade de recursos magnéticos para aumentar as nossas reservas. Vamos precisar. Agora vou falar com George e tu vais encontrar o padre Mathias, que está em preparativos.

– Obrigado, Kelag, por me levar; é uma oportunidade de novos estudos.

Era noite quando atingiram a cidade do Rio de Janeiro. O luar, refletindo-se no mar, aumentava a beleza deste. Atravessando ruas e avenidas, atingiram rica residência no bairro da Tijuca. Os moradores tinham um ar desolado e nenhum teve percepção das visitas invisíveis que acabavam de chegar.

Do quarto vinham gemidos cruciantes, e quando se tornavam mais altos, uma jovem tapava os ouvidos, enquanto lágrimas lhe escorriam pelas faces.

Informou Kelag:

– Esta é a filha mais nova do casal. As outras já estão casadas. A mãe deve estar junto do enfermo. Vamos vê-lo.

Passaram por dois homens que comentavam a atitude da jovem:

– É demais, estou farto dessa choradeira. Elisa nos atormenta com esse exagero.

– É natural. Nossas mulheres estão mais afastadas e por isso sofrem menos.

– Seria melhor que o velho morresse logo. Estou cansado de estar vindo para cá todas as noites.

– Otávio, não devias falar assim, e se Julia te ouvir?

As entidades entraram no grande quarto. À cabeceira do enfermo uma senhora entrada em anos rezava um terço. As contas passavam apressadas pelos dedos trêmulos.

O doente, deitado sempre de costas, parecia um cadáver. Extremamente magro, desfigurado, de cor baça, olhos cerrados, gemendo constantemente, causava terrível impressão à família.

Cecília e Kelag se aproximaram mais e começaram a ministrar passes sedativos. Ela na região do fígado e ele sobre a cabeça.

Aos poucos o velho Leopoldo foi se acomodando e então Kelag voltou-se para a senhora que rezava. Olhou-a firmemente e ela, ainda com o terço na mão, foi se estirar numa cama estreita que havia ao lado.

Cecília sentou-se ao seu lado e Kelag chamou os companheiros para a janela.

– Nosso irmão estava sofrendo muito; o médico que o atende se atrasou. Tão logo chegue, irá aplicar uma injeção que lhe dará alívio até a madrugada.

– Ainda viverá muito?

– Não sei. Seu fígado está todo carcomido e há outros órgãos afetados. Poderá durar meses, se assim for necessário, mas viemos justamente para sondar seu estado, e conforme estivesse chamaríamos Plauto. Só ele poderá dar a última palavra.

Mathias, que envergava uma batina branca, se aproximou do enfermo. Nessa postura se conservou por algum tempo. Depois retornou à janela.

– Leopoldo está fraquíssimo, mas retém o espírito de um modo singular. Deseja a morte que o libertará das dores, mas teme-a pela falta de preparação espiritual.

– Vou pedir a presença de Plauto.

Mas antes que o fizesse, Giovani entrou e foi ter com o grupo.

– O desencarne de nosso irmão está previsto para as primeiras horas da manhã. As informações do Plano Superior chegaram logo após vocês terem saído. Plauto veio comigo, mas foi antes visitar o netinho de Leopoldo que sofrerá muito com sua ausência, e provocar a vinda de sua filha mais velha que, esgotada por muitas noites em claro, não tem intenção de sair hoje.

Seriam dez horas quando Olívia, a filha mais velha de Leopoldo, chegou à residência. Foi direto ao quarto, beijou o doente e depois a mãe, que continuava deitada.

– Disseste que não vinhas hoje, minha filha.

– Na verdade, pretendia descansar um pouco, mas não sei, fiquei inquieta e decidi vir. Como está papai? Como passou o dia?

– Da forma de sempre. Ainda há pouco estava gemendo. Coitado, como tem sofrido!

– E Elisa, como está?

– Um pouco mais calma. Olha, aí vem ela.

As duas irmãs se abraçaram. Eram ambas muito afeiçoadas ao pai e as que mais sofriam com seu estado.

Plauto deu algumas ordens ao seu grupo. Cecília continuou ao lado da esposa de Leopoldo e conseguiu reter as filhas e os outros rodearam a cama. Era o preparativo para o desenlace.

Raiava a manhã quando o enfermo se libertou da matéria.

Mathias e Cecília ainda ficariam mais um pouco ali, e os outros, após algumas horas, retornaram ao Lar Unido, levando o espírito recém desencarnado.

* * *

Ângelo e George entraram na sala do diretor.

O primeiro a ser inquirido foi George:

– Meu filho, assististe à fase final de um enfermo de câncer. Ainda tens disposição para enfrentar esse gênero de expiação?

– Eu... Bem... Gostaria de esperar mais algum tempo, se não houver inconveniente.

– Não, para nós não há inconveniente; e se te faço essa pergunta foi pelo desejo que manifestaste há poucos dias. Poderás voltar à terra com uma prova mais suave. Teus últimos progressos e facultam a escolha.

– Vou pensar um pouco mais e estudar as minhas possibilidades, então.

Um pouco envergonhado, George não quis estar presente à entrevista de Ângelo. Sabia que este era corajoso nas decisões e pediu licença para se retirar.

– E tu, Ângelo, como encaraste o caso de Leopoldo? Quais as tuas disposições?

– Plauto, quem errou muito fui eu, e meu dever continua sendo o da regeneração.

– Mas regenerado já és. Já tiveste duas vidas bem vividas.

– E o que são duas vidas ante tantas outras empregadas no mal? Não tenho conhecimento de todas, mas devem ter sido piores que aquela que vivi como Hanan, o chefe tártaro. Nesse caso, se o câncer é capaz de consumir carmas seculares ou milenares, estou disposto.

Plauto ficou pensativo. Conhecia a firmeza de seu tutelado, mas o programa que deveria executar era um tanto difícil. Assim pensando, resolveu expor-lhe a situação da forma mais clara possível:

– Ângelo, se estás disposto a obter a libertação espiritual completa, terás que ter, fora a difícil moléstia que só se apresentará no fim da vida, outros encargos de grande responsabilidade. Vou dizer-te quais e no fim tu próprio decidirás.

Partindo da época que te é conhecida com clareza: como Li-Itsang, praticaste crimes bárbaros, mas tuas maiores contas foram com Lieu, tua primeira esposa, com Ming, com quem já estás afinizado com afeto, com Chueng-Wu, hoje o Armand que bem conheces, com Lao-Wu, com Sing-La, hoje Helaine. Depois viveste a figura do mudo Hung-Chu e agravaste tuas dívidas com o roubo e com o assassinato de Fu-Lang e Chung. Odiaste Fung-Tsé porque descobriu teus crimes e te levou a morrer na prisão.

Depois, como Zeno, decepaste o braço de Leda, reencarnação de Ming. Depois viveste como Ângelo, o enjeitado, e muito fizeste por teus pais adotivos, por Luiza, por Florindo e sua filha Magda. Eles foram algumas das personagens chinesas que passaram por teus desmandos. Como Michele, encontraste o indiano El-Rama-Y-La, Armand, Helaine, Nancy, Grimet, teus bondosos pais, todos ligados ao teu passado.

Então, fora o câncer de que padecerás, deverás abrigar, como filhos, Fu-Lang e Chung, os sócios que assassinaste, e ainda Helaine, que te dará bastante trabalho e por quem sofrerás no final de tua vida. Ela caluniou Armand; ele odiou as mulheres e voltará na forma feminina. Ele sofrerá calúnias e a Helaine caberá tomar-lhe a defesa. A maledicência humana, por isso, rodeará o teu lar. Tuas noras, teu genro te farão sofrer. Aguentarás porque Leda (Ming ou Paul) estará ao teu lado como esposa dedicada.

Além disso, ainda socorrerás parentes órfãos que foram teus inimigos na velha China. O programa é longo e difícil. Não precisas responder agora. Podes refletir a vontade. Quero que saibas que esse programa pode ser dividido em diversas encarnações, cada uma resgatando uma parte, como já fizeste ao ir para o mundo sem um braço, e na última perdendo a visão. Podes ir e quando tiveres alguma decisão procura-me.

– Plauto, disseste que Leda seria minha esposa. Ela não deve ser consultada antes de assumir algum compromisso?

– Já foi, e está ciente desse programa. É uma alma nobre e de quem muito se espera. Soube viver a existência de Paul com tu soubeste viver a de Michele. Ambos, sem que soubessem, já conviveram por meios indiretos com os inimigos passados, facilitando em parte as futuras reencarnações.

– Se depende de mim, aceito esse programa sem nenhuma reserva. Espero retornar como vencedor das provas.

– Eu estava tão certo de tua decisão que não tive dúvidas quando falei com Leda (Paul já tinha voltado à forma feminina). Hoje mesmo deixarão esta comunidade; os preparativos serão feitos no Pouso da Paz, colônia espiritual que abriga entidades programadas para viver no Brasil.

– Oh! Mas temos que deixar o Lar Unido?

– Não esqueças de que as organizações deste gênero estão espalhadas pelo Espaço e todas obedecem ao comando da Esfera mais alta e são ligadas umas às outras nas obras do bem. Mais tarde, muitos espíritos que aqui habitam ou se refazem serão transferidos para lá ou para outras colônias. Logo mais nos reuniremos no templo para uma prece conjunta. Não haverá despedida porque nossa ligação continuará como se juntos estivéssemos.

Ao entardecer, no templo, Plauto ergueu a voz:

– Meus irmãos, elevemos nosso pensamento ao Alto Poder Divino, agradecendo o pão do espírito que diariamente recebemos, e façamos a Ele as nossas rogativas. Peçamos forças para que, dentro de Suas leis, caminhemos seguros na jornada do bem e do amor.

Ontem, distanciados dos ensinos do Mestre, sofremos e fizemos sofrer; hoje, com a Luz Divina a iluminar nossos corações, procuramos segui-la. Sejamos resolutos em todas as ocasiões. Amemos, espargindo paz, otimismo, humildade, perdão, justiça, caridade... Expulsemos o egoísmo como erva daninha, afastemo-nos da discórdia, da mentira, da maledicência. Os males geram males, só o amor ilumina.

Na terra ou no Espaço rendamos graças pelas etapas vencidas e caminhemos para outras que quanto mais espinhosas, mais iluminam. Sejamos faróis e não pontos de escuridão. Meus caros irmãos, que a doce paz de Jesus recaia sobre todos, que envolva a humanidade inteira.

* * *

Sejam bem-vindos à nossa comunidade e aos nossos corações – saudou Salústio.

Ângelo, Leda e dois acompanhantes agradeceram a cordialidade. Estavam no meio de outra família espiritual, tão terna e amorosa como a que acabavam de deixar. Havia ali a mesma música suave e luzes em profusão.

– Aqui, como no Lar Unido, há trabalho regenerativo, enfermaria, biblioteca, auditório, parque recreativo onde instalamos a fonte da saúde. Vão gostar, e só lamento que fiquem pouco tempo conosco – continuou Salústio – Mais tarde entrarão em contato com o grupo que dentro em breve descerá à terra, encarnando em diversos pontos do Brasil. Mas, ao que estou informado, serão dos primeiros a seguir. Daqui já têm partido vários, e entre eles estão os que lhes darão corpos físicos.

– Exato. Plauto nos falou desse grupo e entre eles há alguns ligados a nós desde tempos remotos, e a quem eu, com minha maldade, prejudiquei. Por que fiz isso, meu Deus?

"Meu filho, nunca lamentes o tempo perdido; o passado deve ser esquecido em benefício do futuro" – a voz que falava era meiga, suave, melodiosa.

Salústio sorriu ao ver o ar espantado de Ângelo, pois ele ouvira a voz mas não percebeu de onde vinha.

– Vou apresentar-lhes a conselheira invisível.

Uma porta se abriu e uma figura radiosa, em vestes brancas com reflexos prateados, surgiu.

– Essa é a nossa Marta, que tem dado muito de si em benefício dos outros. Já conseguiu guiar boa quantidade de irmãos presos à delinquência. Também voltará à terra em pouco tempo, liderando um outro grupo.

Marta saudou Ângelo e Leda com um abraço de boas vindas.

– Ouvi sua voz, senhora, e agradeço o sábio conselho.

– Estás esquecido de mim, e também tu, Leda, mas somos velhos conhecidos. Ângelo já representou em longínquo passado a pessoa de um tio e Leda esteve como pessoa de relações inamistosas. Mas isso pertence ao passado, e nosso objetivo é tratar do futuro. Vamos dar uma volta, conhecer nossas instalações e os irmãos que se dedicam às tarefas de auxílio.

Deixando a sala de Salústio enveredaram por extenso corredor que levava às enfermarias numeradas. Visitaram estas e também outros departamentos, onde grande número de trabalhadores se revezava em diferentes tarefas. Aqui um padre falava sobre o Evangelho, ali uma freira fazia uma palestra, mais adiante o pastor protestante comentava fatos bíblicos, acolá o médico preparava uma medicação, e continuando a caminhada iam encontrando católicos, budistas, taoístas, muçulmanos, todos irmanados na lei do amor.

– Vamos agora visitar colônias externas, pequenos postos que são subordinados ao Lar Unido, mas com que temos ligação na assistência coletiva. A hora está avançada, mas será melhor assim, os rebeldes estarão mais acomodados.

Ângelo e Leda seguiram Marta, e naquelas paragens puderam ser úteis a entidades que se debatiam no sofrimento ou que, ignorantes da vida maior, reclamavam como se estivessem segregadas de tudo e de todos.

Mais de um mês havia decorrido. Anunciou-se uma palestra coletiva e, à hora marcada, o auditório estava repleto. Nas primeiras filas estavam os que deveriam descer à terra em breve, nas seguintes outros que os seguiriam a intervalos justos para compor a família e o círculo de amizades – amizades que se prestariam ao auxilio mútuo no devido tempo.

O Hino do Amor foi cantado e a profusão de luzes aumentou.

– Meus irmãos, presente entre nós, o irmão Lúcio vos dirigirá a palavra como faz mensalmente – a voz partiu de uma espécie de microfone como os usados na terra.

A entidade que se apresentou trazia túnica branca, cabelos dourados e olhos de um azul acinzentado. O olhar era bondoso e a fisionomia serena.

– Amados irmãos, graças pelo momento de estarmos reunidos sob a égide de Jesus. Aqui estamos para discorrer sobre a solidariedade.

Na terra ou no Espaço comungamos de ideais que visam o nosso crescimento. Podemos crescer em cultura, crescer em bens perecíveis, crescer e até nos agigantarmos em alguns setores da vida física, mas se nos descuidarmos dos valores do espírito, quanto mais alto estivermos, maior será a queda. Tratemos então de evitá-la.

Procuremos a solidariedade. Ela está no mundo desde o seu despertar e temos o exemplo nos próprios reinos da natureza. Há plantas que, orvalhadas, umedecem suas pequeninas irmãs; há animais que, após amamentar os filhotes, ainda oferecem leite para outros na orfandade ou no extravio. Outros partilham a caça. É o princípio da solidariedade. Não podemos sobreviver se não contarmos, desde os primeiros minutos da vida, com os princípios básicos de dar e receber.

A solidariedade humana dissolve o egoísmo e faz brotar o amor. Dar e receber, semear e colher, amparar e ser amparado. Não nos liguemos ao utilitarismo vicioso, aquele que tudo pede por indolência ou comodismo. Preguemos a lei do amor e do auxílio mútuo. Hoje ajudados, amanhã ajudando. Hoje recebendo, amanhã retribuindo. Hoje amando, amanhã recebendo amor dos semelhantes e do Mestre que o pregou. Não podemos viver enclausurados em nós mesmos; seria a corrente a nos prender por milênios incontáveis. Libertemo-nos, sendo solidários nas dores e nas alegrias, no conforto e no desconforto, nas lutas e na bonança.

Muitos de vós aqui partireis em breve, em dias, meses ou anos, para novos corpos, a enfrentar novas vidas. Levam consigo boa vontade e esperança. Vencerão aqueles que souberem fazer da colmeia humana a família unida em espírito. Não vos prendais apenas aos laços de família. Cada corpo é uma alma e todas as almas são irmãs.

A derrocada das criaturas tem sido sempre pelo esquecimento desta verdade. Meus irmãos, se urge reparar antigas faltas, a solidariedade será o caminho.

Lúcio encerrou a palestra e deixou os ouvintes em meditação e recolhimento. Alguns voltariam a ouvi-lo em breve, outros só depois de anos e anos na esfera física teriam esse prazer.

Em pequenos intervalos, um a um foram se despedindo dos irmãos amigos que habitavam o Pouso da Paz.

Chegou o dia de Ângelo. Um pouco emocionado, pediu que lhe fosse concedida a vinda de Kelag, que continuava operando no Lar Unido.

Marta sorriu, sorriso enigmático que Ângelo não chegou a compreender, e disse:

– Será ele, meu amigo, quem te conduzirá aos braços maternos. Daqui a algum tempo te seguirei, e no fim de tua vida, novamente nos encontraremos na terra. Felicidades e esperanças, paz a ti e todos que te rodearem no burburinho terreno.

7
Soldado da paz

Brasil – vinte e um estados, grandes e pequenos, pobres e ricos. Quase chegando à última década do século XIX. No rico estado do Rio Grande do Sul, em pequenina cidade do interior, uma orgulhosa mamãe amamentava o filhinho, enquanto o pai os contemplava com certa emoção. Ele não era o primogênito, mas a felicidade era a mesma.

– Adélia, pensamos tantas vezes e nosso filho continua sem nome.

– Ora, escolhemos diversos e nenhum foi do teu agrado. Tolice, o nome não influi no caráter da criança. Os bons nascem bons e os maus nascem maus. A mim qualquer um serve. Já deves ter escolhido outro; todos os dias eleges um. E agora, qual será?

– Cedrik. Não é bonito?

– Bonito é, mas onde foste buscar? Não é personagem de romance?

Manuel estava eufórico: – Cedrik... meu Cedrik, se pudesse te daria a Lua, as estrelas, e te faria rico. Meu filho amado, serás um grande homem.

O menino foi crescendo como crescem todas as crianças; algumas doenças, as primeiras frases, artes e diabruras, os primeiros livros, o ensino religioso.

* * *

Rio de Janeiro, capital federal. Ali, em família aristocrática e privilegiada, alguns anos depois, outra mãe sentia-se feliz: recebia nos braços uma filhinha que o Céu lhe enviava. Entre rendas, fitas e bordados, a pequena Maria só sabia chorar.

* * *

Cedrik foi bom aluno em menino e pelos anos afora continuaria a se esmerar nos estudos. Era bom amigo dos amigos, bom filho e bom irmão.

Manuel educava Cedrik e os outros filhos da mesma forma: ora severo e intransigente, ora bondoso e acessível, fazendo-se amigo dos filhos e respeitado.

Os estudos de Cedrik o levaram a separar-se da família, mas seu caráter estava formado e não havia risco de ser arrastado pelo turbilhão dos centros maiores. Porto Alegre era considerada uma cidade grande e cheia de riscos. Mas ele voltaria ainda à sua cidade natal, como estudante, conviveria com a família, dela recebendo a fé cristã espiritualista. Assistiria do pai os atos caridosos que ele mais tarde imitaria, fazendo-se querido pelos humildes.

Terminou os estudos na capital federal. Fez-se militar, carreira que o atraíra desde a infância. Aluno aplicado, recebeu a disciplina da caserna como continuação da que recebera na infância. Sem rebeldia, acatava as ordens superiores rigorosamente. Um dia seria chefe e encontraria seres também disciplinados.

Era bastante moço quando se casou com Maria, jovem terna e simples, apesar da situação privilegiada da família.

As viagens dos militares são contínuas, as transferências se sucedem: norte, centro, sul, leste, oeste.

Cedrik voltou ao Rio Grande e Maria foi recebida com afeto e carinho. Teve sempre, no sogro, um segundo pai. Às vezes algum dissabor a fazia sofrer, mas dentro da fé encontrava lenitivo e aceitava a situação como crise passageira. A família era grande e nem sempre se conseguia a harmonia perfeita, os sentimentos se chocavam, mas não lhe custava se revestir de paciência.

Em próspera cidade gaúcha, Cedrik e Maria receberam, felizes e emocionados, o primeiro filhinho, Reynaldo, gorducho e rosado, que seria, por dois anos, o rei absoluto daquele lar. Mas tarde, em outra cidade, a família cresceu com a presença da Fernando.

As transferências se sucediam e novos encargos chegavam. Os dois meninos estavam grandinhos quando outra personagem apareceu para reinar. Foi o nascimento de Suzana, ocorrido no Rio de Janeiro. A alegria do lar aumentou, mas havia às vezes problemas de ordem financeira, a custo superados.

Cedrik acolheu em casa alguns sobrinhos que não dispunham de recursos para custear estudos, ou porque fossem órfãos, ou porque a vida os castigasse. Cedrik e Maria a eles se devotaram.

Com as transferências sucessivas, foi necessário colocar em colégio interno os filhos mais velhos. Suzana não se afastava da companhia dos pais, mas desde cedo demonstrou gênio voluntarioso e imperativo. A ama negra, Emilda, nem sempre disposta a satisfazer-lhe os caprichos, se curvava pelos impositivos do cargo.

Os anos passaram e os filhos, já moços, optaram por seguir, como o pai e o avô materno, a carreira militar. Um preferiu o exército, enquanto o mais moço a marinha. Os sobrinhos de Cedrik também haviam seguido a mesma carreira.

Com os constantes deslocamentos, Suzana foi em parte prejudicada nos estudos. Houve alguns embaraços na vida política do país, forçando afastamentos de Cedrik da família. Essa situação concorreu de certo modo para que a menina cada vez mais se revelasse altiva e um tanto egocêntrica. Não lhe importava que a mãe tivesse momentos de solidão, desde que ela estivesse cercada de amigos e pudesse dar vazão a seu temperamento alegre e animado. Mas não era má: nunca foi. Herdou dos pais os sentimentos caridosos, amava os simples e beneficiava os fracos, atendendo os humildes com um sorriso bondoso e estendendo-lhes a mão fraterna.

Reynaldo terminou o curso um ano antes de Fernando. Ambos deram alegrias aos pais; eram cordatos, dedicados, amigos e corretos. Em pouco tempo constituíram seus lares e a missão paterna findou.

Cedrik ocupou cargos de destaque, mas jamais deles se prevaleceu. Altos postos não o envaideceram, e Maria o acompanhava na simplicidade. Bondosos, sempre conquistaram simpatias e granjearam amigos fieis. Também sofreram decepções amargas, mas o amor puro que os unia era sua força.

A bondade excessiva lhes trouxe uma falta: permitiu que Suzana se tornasse impermeável a seus conselhos e continuasse a ser dominadora e indolente. Quando ela noivou, entre grandes alegrias, Cedrik se mostrou cético. Ou pressentindo incompatibilidade futura, ou sentindo que ela e o noivo eram almas em expiação, ou por conhecer-lhe o temperamento rebelde, ele se inquietou e não fez segredo do que lhe pesava no coração à companheira:

– Minha querida, não desgosto de Celso, acho-o bom, culto, honrado, mas essa união me inquieta.

– Tolice, Cedrik; estás enciumado, vais perder Suzana, de quem não querias te separar.

– Não, Maria; embora tarde, reconheço que nossa filha foi demais mimada. Não vai poder dirigir a casa, e nisso temos culpa. Ela não vai atender ao marido, como nunca fez com ninguém. Se Celso se aborrecer, não haverá felicidade.

– Não vejas horizontes escuros onde tudo é claridade. Eles se entendem e garanto que tuas preocupações são infundadas.

– Queira Deus que eu esteja errado e tenhas razão.

Celso e Suzana se uniram e foram residir longe do Rio. Ele ocupava, no interior de Minas, um cargo de projeção. Suzana, cercada de empregadas, sentia a falta dos pais e seguiu para junto deles quando engravidou. A criança morreu, mas um ano depois teve outra gravidez. Quando nasceu Anete, a fiel Emilda seguiu com o casal para o interior. Mas ali não ficariam muito tempo.

Cedrik conseguiu a transferência do genro para o Rio. Grande erro, que só hoje, na pátria espiritual, reconhece. Habituada a ser servida, Suzana passou a residir com os pais, e Anete seria o raio de sol a aquecer a velhice dos avós, mas também o ponto de discórdias futuras.

E as discórdias vieram. Pequeninos nadas eram motivo de aborrecimento. Celso amava o sossego e a casa era barulhenta; amava a ordem e o silêncio e á sua volta havia desordem e vozerio. As primeiras críticas surgiram e com elas as primeiras mágoas e decepções. Era o início da incompreensão. Suzana, insatisfeita, buscou um derivativo, trabalhando fora. Celso, aborrecido, condenava esse gesto e sentia-se humilhado.[3] Anete crescia, assistindo aos desentendimentos, e Cedrik e Maria viviam atormentados, prevendo um desfecho triste.

A família residiu em diversos bairros, mas em nenhum deles a situação melhorou. Foram para o mais elegante. Cedrik sentia-se adoentado; pouco antes sofrera um pequeno AVC e agora precisava de vida mais calma e repouso. Ocuparam um apartamento com bela vista para o mar. Mas a paisagem não era o suficiente para que ele e a mulher tivessem tranquilidade. Suzana arranjou amigas com quem se divertia, e Celso buscou fora do lar as distrações que amenizassem suas amarguras. Os atritos passaram a ser constantes e ele, influenciados por entidades invisíveis, passou a ter atitudes coléricas e agressivas.

Mas a proteção do Alto não falha. No século em que as verdades deviam surgir para benefício da humanidade, os médiuns de diversas modalidades se espalharam por todos os recantos do mundo físico. E através de um deles, a entidade protetora da família aconselhou a separação de casa como meio de conciliação. Cedrik e Maria deviam morar sós, incutindo na filha maior responsabilidade. Ela era mãe e como tal devia ocupar-se de Anete.

Mas eles, cegos aos conselhos benéficos, amando a neta com especial carinho, não tiveram forças para se separar dela. Hoje, Cedrik lamenta ao ver Maria passar por dissabores, mas ela própria muito insistiu para que continuassem todos juntos. Suzana não fora habituada a dirigir um lar, não poderia morar só. Gostava de dormir até tarde e levantar com o sol espalhando os raios quentes da metade do dia. Maria, com seu amor desvelado, alimentava a irresponsabilidade da filha e provocava no genro uma série de censuras acres.

---

[3] Deve-se lembrar que na primeira metade do século XX, no Brasil, a condição da mulher era ainda de submissão ao marido e ao lar, e ter um emprego ou carreira, particularmente nas classes altas, era incompreensível e mal visto; realização pessoal e profissional da mulher, sem necessidade financeira, não era cogitada (N.R.)

Mas as provações apenas começavam.

* * *

Nilma conheceu Suzana quando esta, desesperada com as críticas mordazes que o marido lhe fazia, estava disposta a viver... viver...

Era uma fase difícil a que Nilma atravessava. Tinha sido rica e cortejada, estudara piano e tinha talento artístico. Enquanto o pai viveu, desfrutara da amizade dos irmãos e dos parentes. Mas ele fechou os olhos... A riqueza é efêmera, e um negócio mal feito, uma boa fé invigilante, podem causar ruínas às mais sólidas fortunas. Agora Nilma era pobre, lutava pelo pão de cada dia, as joias tinham se ido, as roupas estavam reduzidas. A quem recorrer?

Suzana sempre fora autoritária, dominava a família e as amigas, mas sempre teve no coração a qualidade inata de estender a mão a quem lhe pedisse amparo.

Essas duas almas se encontraram em momentos de aflição. Uma buscava o esquecimento das recriminações do lar, nos bailes e passeios. A outra buscava compreensão humana para que não lhe faltasse o pão de cada dia. Eram dois espíritos endividados, que deviam enfrentar a calúnia e remissão de si próprios, mas o mundo não pensa assim.

Suzana levou Nilma para casa e apresentou-a aos pais. Teve boa acolhida de início, mas a maledicência viria. Um espírito masculino, encarnado em corpo de mulher, por vezes (não sempre) traz características de masculinidade. E Nilma foi caluniada[4] e Susana tomou a sua defesa. Celso reprovou a amizade em altas vozes e Cedrik se contagiou com a agressividade do genro. A calúnia partia de dentro para fora e de fora para dentro do lar.

Visita, risinhos, vozes veladas... e Cedrik sofrendo humilhações; Maria, agoniada, chamava a atenção da filha. Os motejos continuaram. Suzana, independente e voluntariosa, jamais explicou à família que havia sido amparada pela amiga,

[4] Importante lembrar que naquela época, pessoas que fossem ou apenas aparentassem ser homossexuais eram estigmatizadas e discriminadas sem piedade, com uma sanção social muito mais virulenta do que continua para muitos, hoje; era inaceitável e humilhante (N.R.).

seria confessar que estivera à beira do abismo. De dominadora, passou a ser a dominada. O velho pai não pôde resistir a tantos conflitos. Adoeceu... úlcera de estômago. Médicos, medicamentos, hospital, cirurgia... câncer. A notícia estourou como uma bomba. Os parentes e amigos se condoeram e as vozes se ergueram contra Suzana e sua amiga Nilma.

Dias melancólicos se seguiram. Reynaldo veio do sul com a família, mas não conseguiram trazer felicidade ao lar. O corpo enfermo se debilitava aos poucos. Passava os dias na cadeira de balanço; a alimentação era-lhe um tormento.

– Meu velho, queres sopa? Qual a fruta que te apetece mais?

– Não, não tenho vontade.

– Sentes dor, meu velho?

E Cedrik era incapaz de reclamar ou se lastimar. Aceitava a doença como a vontade do Céu. Sabia sorrir para as visitas, para os amigos. Alma sublime, reconfortada pela fé cristã.

Quando já acamado, recebeu a visita de Marta. Sorriu como se lembrasse da promessa que lhe fora feita quando, em espírito, estavam no distante Pouso da Paz: "No fim de tua vida, novamente na terra nos encontraremos".

* * *

O mal de Cedrik foi se agravando; a morfina entrou em ação. Mas dentro de casa, as críticas eram severas. Suzana e Nilma eram acusadas de pérfidas. Risinhos na cozinha, comentários desairosos nas salas; só o quarto do enfermo merecia respeito.

O estado de Cedrik se tornou desesperador. Entidades especial, inclusive Manuel, seu pai, estavam vigilantes. Eles viram quando os órgãos internos começaram a se decompor. Amigos desvelados lhe davam assistência e a Maria, que parecia uma sombra errante. Lieu, a primeira esposa de Li-It-sang, ali se encontrava encarnada como auxiliar. Prestativa, útil, humana, no mais doce perdão, tomou a si os encargos mais difíceis com o enfermo.

Um padre chegou.

– Mas eu sou espírita, reverendo.

– Não importa, meu filho.

A casa repleta, todos uníssonos na dor; Celso estava triste, gostava do sogro sinceramente.

Amanhecia quando Cedrik deixou de respirar.

A médium que hoje escreve estas páginas ditadas por Lúcio, e se achava presente, viu luzes baixarem sobre o leito, mas não viu que, naquele momento, Kelag levava com carinho o irmão que cumprira a jornada.

8
O veneno da maledicência

Cedrik murmurou:

– Por piedade, deixa-me voltar, preciso estar no meu lar terreno.

– Mas que é isso, amigo? É melhor que te acomodes aqui, e te refaças dos tormentos vividos, que recobres a memória...

– Não, se és meu amigo, se desejas o meu bem, deixa-me partir. Há problemas urgentes no seio da família, minha filha precisa de mim

– Estudarei tuas condições, Cedrik, e se não houver inconveniente eu mesmo te conduzirei.

Plauto, mais tarde, explicava a Kelag:

– Sei que te sentes preocupado com o pedido que nosso irmão te faz. Pensas que ele vai se atrasar. A verdade é outra: ele será beneficiado, porque estudará a questão por si mesmo, e quando se sentir desapontado com o resultado das investigações, voltará a nós e mais firme no propósito de desfazer a trama da calúnia que, na terra, cobre dois seres que apenas resgatam pesada dívida.

– Mas então...

– Não será atraso. Cedrik foi valoroso, sofrendo o câncer sem lamentações destrutivas. Podíamos avivar-lhe a memória falando de Armand e Helaine, mas deixemo-lo agir por si. Podes reconduzi-lo ao lar terreno; ele está em boas condições, pois o principal era saber que deixou o corpo. Essa noção ele teve na hora do desencarne, porque já é bastante esclarecido e não cometerá imprudências. O corpo já baixou à sepultura, o ambiente está mudado. Podes levá-lo.

* * *

Cedrik amparou o quanto pôde a velha companheira. Não se ressentiu com o filho Fernando por não o ter visitado, conhecia-lhe os problemas. Sugeriu a Reynaldo que levasse a mãe ao médico, achava-a bastante debilitada. Mas sua preocupação continuava sendo por Suzana. Ouvia os comentários desairosos e se colocava vigilante. Quando conseguiu penetrar a aura de Celso e com ele sintonizar, fez que este, à sua revelia, escrevesse uma mensagem sua aconselhando Suzana a deixar a amizade que provocava desentendimentos na família.

Por vezes se quedava triste. Suas sugestões não eram aceitas, apenas Maria se contagiava com suas preocupações.

– Suzana, não é possível, não deves continuar com essa amizade, teu pai sempre a reprovou. Nilma não é companhia para ti e Celso está revoltado. Ele ouve comentários que te comprometem, minha filha.

– Ora, mamãe, Celso leva a sua vida e eu a minha. Ele não me dá a menor assistência com a filha, fala aos gritos com a senhora, em atitudes agressivas, e ainda devo me curvar? Não, a senhora não conhece as qualidades de Nilma, mamãe. Ela é boa, o mundo é que é mau.

– Tenho confiança em ti, Suzana, sei que jamais cometerás alguma coisa errada, mas estás sendo reprovada por toda a família.

– Ora, a família... e que tenho eu com a família? Nunca lhe pedi nada, deixa que falem a vontade.

Cedrik seguia a filha, vigiava-a constantemente, procurava se antepor entre ela e Nilma, mas sua presença não era percebida. Voltava para junto da esposa triste e vencido. Fixara-se no lar.

Nilma adoeceu e Suzana desdobrou-se em cuidados. Por que, pensava Cedrik, não fazia o mesmo com a mãe? Para Maria não havia assistência, não havia conforto, não havia carinho. Por que, Senhor, por quê?

Os desenfeixados do corpo sofrem, por vezes; querem se fazer ouvidos e não conseguem, lutam por uma causa que acham justa e se desiludem. Cedrik começava a se desiludir. Talvez fosse melhor abandonar o lar terreno; que os vivos resolvessem seus problemas. Mas não se animava a partir. Precisava defender sua querida filha, precisava dar forças à companheira que ficara. Os filhos homens também precisavam de sua presença. E os netos? Dias, meses, dois anos se passaram.

Os comentários continuavam:

"– Suzana foi dormir em casa de Nilma". "Mas isso é uma vergonha". "Não liga para a mãe". "Foi assim com o pai. Não ligou quando morreu. E o velho era tão bom". "Mas eles foram os culpados. Onde já se viu criar uma filha desse jeito? Suzana é uma preguiçosa". "Preguiçosa em casa. Para Nilma está sempre disposta a fazer alguma coisa". "Tenho pena de Maria, mas evito ir à sua casa, está completamente desmoralizada". "Nilma parece homem, o andar, o modo de vestir...". "Me admiro de Celso aguentar. É um bobo". "E Anete? É uma pobre coitada, só a avó gosta dela". "Ontem vi Suzana e Nilma no cinema; elas não se largam". "Dizem que foi macumba". "Coitada da Maria, tão boa, passar por tantos vexames no fim da vida". "Dizem que o velho morreu de desgosto". "Não, foi de câncer mas provocado pelo desgosto" "Nilma é tão ruim que nem a família quer saber dela. Pudera... Se eu fosse irmã dela também a desprezaria".

Esses comentários eram ouvidos diariamente, feitos por parentes e pessoas que se diziam amigas e cristãs. Pobres maledicentes... O veneno da palavra é tão criminoso quanto o punhal assassino.

* * *

Cedrik beijou a esposa, a filha, a neta; precisava partir. Passara anos inúteis, nada vira que justificasse suas suspeitas, se comportara como criança e se sentia envergonhado. Deixou o lar, visitou o irmão doente, visitou amigos e camaradas de caserna. Ao anoitecer, sentou-se na praia e orou com fervor:

– Pai, dai-me forças e perdoai-me a grande falta que cometi. Quis me tornar a sentinela do lar, esquecido de Vossa bondade. Foi um ato de apego, um ato de irreverência para com as Leis Divinas. Querendo a paz por pouco não semeei a discórdia. Amando a filha, duvidei dela. Sim, se não duvidasse não teria me colocado a seu lado em severa vigilância. Sinto--me, Pai, humilhado por minha própria conduta. Não cabia a mim julgar e me deixei levar a fazer julgamentos. Perdoa-me, Jesus, se esqueci teus ensinamentos. Perdoa a todos nós que, apegados aos preconceitos morais, somos os primeiros a infringi-los. Perdoai-nos, Senhor, as nossas dívidas, e dai-nos força de perdoar os nossos devedores...

Cedrik viu sair de uma onda um foco de luz e, sem vacilar, foi-lhe ao encontro. A luz tomou forma e ele reconheceu Kelag.

As lágrimas lhe escorriam pelas faces e ele baixou a cabeça.

– Não te envergonhes, meu irmão, a lição te foi proveitosa.

– Kelag, eu não merecia que viesses, eu..

– Não fales, Cedrik. Teremos muito tempo. Agora conhecerás a verdade. Não a conheceste antes porque estavas escravizado a uma ideia, a um objetivo. Isso não existe mais, e tu aprendeste muito. Vamos. Plauto nos espera.

* * *

A verdade apareceu a Cedrik em toda a plenitude.

– Meu Deus! Armand e Helaine! Pobres filhos, como fui cego. Pobre Gerard. Precisava ajudá-los, embora tarde demais.

– Nunca é tarde demais. Temos na terra alguém que dará sua colaboração no momento justo, e buscará outros auxiliares de grande valia. É uma criatura muito ligada a ti e a Maria, e que jamais desgostou de Nilma. Sempre foi cética quanto aos comentários maldosos, e afirmo que teve mesmo simpatia por aquela irmã.

– E eu conheci na terra essa pessoa?

– Como não! Passava horas ao teu lado quando adoeceste, fez companhia a Maria desde que perdeste o corpo físico e a trata como filha querida.

O sorriso de Cedrik se iluminou:

– Já sei... A minha boa amiga Loá. Sim, confio nela, como sempre confiei. Fui até informado de que já foi mãe de minha Maria. Então vamos recorrer a Loá?

– Ainda não, Cedrik. Nossas irmãs Suzana e Nilma passam por expiação merecida e o mesmo acontece com Celso. Eles se enredaram numa trama de calúnia e hoje pagam por ela sendo caluniados. No tempo oportuno, a verdade descerá à terra, mas fica certo, não vai demorar, podes estar tranquilo.

* * *

A vida em comum de Suzana e Celso era apenas aparente; a união física há muito deixara de existir e a espiritual fora destruída no início da vida conjugal. As desavenças eram fortíssimas e contínuas.

Celso também sofria um dilema e os que o cercavam estavam longe de compreender. Nunca julgara mal a mulher, ao contrário, reconhecia que tinha algumas virtudes, e também defeitos. Mas sentia-se humilhado com os comentários malévolos que ouvia. Suportava por amor à filha. Suzana, por sua vez, dele se desinteressou por completo.

Mas ainda seria Nilma a acusada quando o rompimento final se deu. Ela foi o instrumento a agir em benefício de todos. Pairava no ar um grande perigo. Celso era um doente, sem fé positiva. Dando vazão ao temperamento agressivo e brutal, teve ao lado forças trevosas que o incentivavam ao crime. Mas onde há perigo, há a defesa. A fé constante, a resignação paciente de Maria mereceram, do Alto, a proteção necessária. Veio a tormenta para que novos ventos soprassem e clareassem a atmosfera.

Celso deixou o lar. A verdade devia aparecer, não podia mais ficar abafada. Os comentários, agora, eram arrasadores, difamatórios. E Nilma sabia da acusação que lhe pesava em cima e sempre soube que a chamavam de um apelido injurioso. Sorria ante a maledicência; não lhe pesava a consciência. E então a chamavam de cínica. Agora a verdade devia surgir. Sem que ela mesma percebesse, estava sendo impelida por forças extraterrenas a procurar Loá. "Por quê?" – pensava. Mas o desejo de conversar com a amiga de Suzana, porque Loá sempre o fora, aumentava, era irresistível. Chegou esse dia:

– Seja bem-vinda à minha casa, Nilma.

– Deus esteja contigo, Loá.

Essa foi a saudação cristã de auxílio mútuo. Loá, para obras de caridade, vinha recebendo contribuições de Nilma, de Suzana, de Maria.

Passaram uma tarde em palestra amiga; problemas espirituais foram abordados, assuntos intrincados foram debatidos. Quando se despediram, ambas tinham no coração uma esperança a mais.

Maria ainda não podia aceitar a amizade da filha; não pensava mal, não criticava, mas sofria com as críticas alheias.

* * *

Kelag avisou:

– Cedrik, Loá está preparada para receber a tua comunicação. Vamos.

Loá terminava um pequeno serviço quando sentiu a aproximação de uma entidade. Não pôde distinguir que era, mas sentindo o braço gelar, sentou-se para escrever e ela própria se surpreendeu quando reconheceu o velho amigo.

Cedrik, em mensagem dirigida a Maria, relatou de modo resumido a trama passada na França entre Armand, Helaine, Gerard e Anne. Era a verdade surgindo, a claridade a envolver aqueles espíritos até então sitiados por densas trevas. Suzana, endividada com Nilma, desafiara a sociedade, enfrentara a calúnia. Nilma, que tanto desprezara as mulheres, num corpo feminino resgata uma pesada dívida. E Gerard... mais tarde voltará à experiência.

Maria não ficou bem convencida da verdade, mas Loá, embora não podendo permanecer a seu lado, procurou incutir-lhe no coração a boa vontade para com a irmã que precisava ser recebida de braços abertos. O passado passou... O futuro acena à frente.

E em breve, Loá recebe Nilma novamente:

– Seja bem-vinda, Nilma.

– Deus esteja contigo, Loá.

– Chamei-te para que conheças Marta. Ela poderá te ajudar, como ajudou a mim em tempos idos. Vem, ela te espera.

Irmanadas na fé, Marta e Nilma se abraçaram.

Nilma lhe contou o passado de jovem rica, mimada, não

escondeu seus defeitos, os vícios, lhe contou da fase amarga, o encontro com Suzana, os benefícios que recebeu.

Marta a olhou com simpatia e elucidou:

– Tu nasceste mulher, Nilma, mas tens uma índole masculina. Passas por dura prova que o mundo não compreende. Não importa a incompreensão humana, estás te elevando para o Deus Infinito.

– Obrigada, Marta; tuas palavras me encorajam. Estou pronta para continuar a luta. Suzana não corre mais perigo, a fé penetrou-lhe o coração e estou feliz, mesmo com a incompreensão que pesa sobre mim.

Cedrik falara pelos lábios de Marta e penetrara o coração de Nilma.

* * *

Mas o veneno da maledicência é um mal de cura difícil. Não basta a palavra dos bem intencionados, não basta o gesto amigo, o carinho dispensado àquele que for atingido.

Nilma continua sendo, para o mundo profano, a criatura maldosa que desfez um lar, a única que usufruiu de um lugar imerecido, a mulher perigosa para a coletividade, o pomo da discórdia entre mãe e filha.

Suzana continua sendo a mulher fútil, que desprezou o marido por uma amizade suspeita, a filha ingrata que abandona a mãe por prazeres mundanos, a mãe que relega a filha a plano secundário.

E os comentários continuaram.

– Estás vendo, Cedrik? Fácil espalhar o mal, o difícil é combatê-lo.

– Tens razão, Kelag. Mas como fui bastante culpado, cabe-me agora lutar contra a maledicência e alertar os espíritos para a compreensão que gera o amor. Tive, enquanto na terra, verdadeira antipatia por Nilma; preciso, urgentemente, desfazer as teias em que, invigilante, me deixei prender. Como fui cego, mais cego que na existência anterior! Pedi o câncer para queimar o carma milenar e contrai nova dívida.

– Não chegaste a contrair uma dívida, porque tua antipatia foi devida à tua sensibilidade de pai. Sentiste que tua filha seria caluniada e ficaste com prevenção. Além do mais, Suzana errou; podia defender Nilma sem esquecer das obrigações filiais. Mas se tiveste esse lado negativo, tiveste a resignação frente à doença, jamais reclamaste de tuas dores. Outro ato que te colocou quite com a Lei foi teres recebido, sob tua proteção direta, o ex-indiano El-Rama-Y-La.

– Ele também esteve ao meu lado? É inacreditável; desconheço por completo esse fato. Falas sério, Kelag?

– Não acolheste Fábio, o filho de humilde serviçal em luta com a pobreza e com outros filhos? Não lhe deste educação, procurando fazer dele um homem de bem?

– Sim, o meu pequeno Fábio, o secretário, como eu o chamava... Longe estava de imaginar...

– O rico e poderoso príncipe El-Rama-Y-La que encontraste na China hoje é pobre e luta por um lugar ao sol. Deste-lhe educação mas não conseguiste quebrar-lhe de todo o orgulho inato que trouxe para o mundo físico. Sob aparente indiferença, foi um dos que mais sofreram com tua doença e tua ausência. Tem para ti sempre um pensamento de saudade e gratidão.

– Se o mundo compreendesse a beleza das leis espirituais, a Terra seria um paraíso...

– Caminhamos para lá, meu caro Cedrik., mas a marcha é lenta. Um dia a Terra será como outros planetas onde a lei do amor é vivida e praticada. Jesus desceu ao mundo, deixou sublimes ensinamentos, mas a humanidade é tardia em aplicá-los. Sabe de cor os conceitos e máximas, mas se acomoda na lei do menor esforço que gera o egoísmo. Corre à igreja, aos templos diversos, e volta aos mesmos pecados. Amor e ódio se entrelaçam, dores e lágrimas cobrem o mundo terreno, ingratidão e vaidade ostensiva permeiam a vida humana. Por quê? O ensino do Mestre está esquecido.

Mas vamos voltar ao Lar Unido. Plauto nos aguarda e aqui, por enquanto, está finda a nossa tarefa. Deixemos com Marta e Loá a proteção para que possam ser úteis durante nossa ausência.

– Mas Loá não vai partir em breve? O marido, meu querido Alim, quase um filho, já foi transferido e passarão fora longa temporada.

– Verdade, mas enquanto isso, Loá não vai esquecer a parte que lhe cabe. Ainda lhe restam alguns dias e haverá tempo para uma palestra instrutiva com Maria.

Usando a volição, Cedrik e Kelag atingiram em minutos o Lar Unido, onde Plauto os aguardava.

– Acompanhei daqui tudo o que foi feito. Nilma está satisfeita e com o belo propósito de fundar, na terra, um lar para moças necessitadas. Precisamos dar-lhe assistência, melhorando a sua saúde e incentivando a obra generosa. Conseguindo, poderemos tirar Suzana da ociosidade. Ela, fora das horas de trabalho profissional, poderá cooperar para o bem coletivo.

– Mas Plauto, as críticas ainda continuam; não podemos neutralizá-las porque partem de diversos lugares e diferentes pessoas.

– Cada um responderá pelos seus atos, meu amigo. "Aquele que estiver sem pecado atire a primeira pedra". O ensinamento é claro; felizes aqueles que o compreendem. Vamos trabalhar. O Pouso da Paz precisa de nossa colaboração e Josiel nos espera, amigo.

Ao anoitecer, as entidades do Pouso da Paz estavam reunidas no auditório, aguardando a chegada de Cedrik, acompanhado de Kelag e Plauto.

Josiel, mentor da colônia, tomou a palavra:

– Amados irmãos, está presente entre nós o diretor de uma colônia espiritual afim a esta, o nosso amigo Plauto. Vamos ouvi-lo discorrer sobre o poder da palavra e o uso negativo do verbo, tema importante para todos nós e em especial para aqueles que estão prestes a descer ao mundo físico. Seja bem-vindo, Plauto, caro amigo; a palavra é sua.

Plauto, de pé, estendeu o olhar sobre todos os presentes. Alguns irradiavam luzes, outros só pequenas claridades e outros, eram maior número, ou eram opacos ou bastante obscurecidos. Agradeceu pela acolhida e começou:

– Caros irmãos, paz e amor.

Desejamos iniciar lembrando o princípio fundamental da justiça, que pode ser sintetizado na frase de Jesus: "Não façais aos outros aquilo que não quereis que vos façam". Saindo deste preceito sábio, caímos no terreno da injustiça e do egoísmo. O injusto e o egocêntrico pensam em si e esquecem as consequências do que fazem sobre a alma alheia.

Entre os grandes males que cultivamos no coração, está o uso indiscriminado e injusto da palavra. Não é um mal menor. Pode causar graves consequências e tragédias, e gerar tantos carmas quanto outras manifestações do egoísmo e da injustiça. A palavra é força divina, expressão de nossa vontade, e como tal merece ser dosada e esculpida como quem lida com uma força poderosa – o que de fato é. Ela movimenta a energia mental e emocional de quem fala e de quem ouve, e gera impulsos e ações pelos quais serão responsáveis os que a emitiram. A palavra desperta ideias, cria pensamentos nos ouvintes, comunica vibrações, e assim é, de fato, uma ação que realizamos sem nos dar conta. Agimos pela palavra de forma tão efetiva quando pelo gesto. E podemos, com efeito, gerar ações e atitudes em cadeia das quais em geral não temos noção, muito menos da gravidade de que podem às vezes se revestir, indo beneficiar ou destruir pessoas ou grupos delas.

Podemos despertar ideias generosas em nosso entorno, criar movimentos benéficos, ou espalhar sombras e contaminar espíritos que passam a reproduzir atitudes deprimentes. A palavra tem poder, e quanto antes nos conscientizarmos disso, melhor para nossa evolução interior e para a melhoria do carma coletivo.

Entre os usos maléficos que se faz dessa energia divina ao nosso dispor – a palavra – estão os comentários maledicentes, a crítica ferina, inclusive a calúnia dirigida contra o semelhante.

O maledicente vê um ato simples com olhar distorcido, se compraz em envenenar frases inocentes, traduz em palavras ferinas o julgamento do semelhante. Destila veneno com a palavra, esquecido de que o verbo é força divina e criadora. Faz da crítica um divertimento, potencializa qualquer pequena falta, e jamais pensa no mal imenso que pode causar; ri, zomba, comenta, sem dar-se conta de que é um infeliz, um delinquente da palavra, por não poder calar nem suspender o julgamento de outras criaturas.

Meus irmãos, tenhamos o mesmo cuidado com a palavra que teríamos com uma chama, que pode ser usada para aquecer ou destruir. O mal, quando disso se trate, não merece comentário em tempo algum. E a palavra venenosa pode arrastar criaturas a despenhadeiros de grandes proporções. Seremos julgados, dentro da Lei Suprema, por nossas palavras, pensamentos e atos.

Usemos a palavra para confortar, animar e erguer, nunca para destruir. A maledicência pode ser tornar uma arma poderosa a gerar até mesmo crimes. Aprendamos a ouvir sem comentários aquilo que for negativo, a ter os lábios cerrados para a má palavra. O irmão infeliz errou? Poupemo-lo da crítica. Outro disse algo que nos feriu? Perdoemos, porque diariamente somos perdoados. Alguém criticou nossos atos? Saibamos calar sem nos tornarmos juízes. O Ser Supremo tudo vê e só Ele pode julgar nossos atos.

Ampliemos nosso coração com as virtudes que o Mestre exemplificou. Semeando paz, colheremos a paz em nossos caminhos. Deus nos deu a palavra como instrumento da construção do bem e de nossa própria harmonia; tenhamos consciência de seu poder.

Que a paz esteja com todos, hoje e sempre.

Enquanto uma serena vibração de paz envolvia os corações, e Plauto recebia o abraço afetuoso dos companheiros, um soluço abafado se ouviu ao fundo da assistência. Mais tarde, Josiel teve oportunidade de esclarecer os amigos sobre a situação da infeliz mulher que naquele momento fora tocada em profundidade. Em tempos idos, pela maledicência, levara o filho a cometer um assassinato. Na sequência, ele sofreu tormentos e ela não sofreu menos. Ambos estavam se preparando para a prova regenerativa. Ela descerá à terra como portadora de terrível gagueira e será motivo de zombaria para o filho. A lei de causa e efeito é sábia e tem fundamento no princípio "Não façais aos outros aquilo que não quereis que vos façam".

9
Cedrik, o redimido

Cedrik foi chamado a atuar no departamento de convalescentes desencarnados recentemente. Não ficou surpreso de encontrar espíritos que lhe tinham sido familiares na estadia física. Procurou ajudá-los como a todos. Ora pregando paciência, ora esclarecendo as leis eternas, ora secando lágrimas, procurava retribuir como tantas vezes recebera.

Certo dia, ainda não terminara a visita quando se sentiu atraído para a figura de um velho que encontrava dificuldade de falar. Já se locomovia com certo desembaraço, via tudo que o rodeava, apenas as palavras não soavam claras. Cedrik se aproximou e percebeu que o velho tinha apenas um desejo, que não conseguia explicar. Tentando ler a mente do ancião, Cedrik se surpreendeu. Seria possível? Não estaria enganado? Pediu que um auxiliar chamasse Kelag.

– Alguma dificuldade, Cedrik?

– Não, mas queria que identificasses este nosso irmão – falou de modo que o velho não pudesse ouvir – Ele tenta falar e as palavras não saem claras. Procurei, como me ensinaste, analisar a mente e fiquei surpreso, e como não quero cometer um engano, peço teu auxílio. Parece que sua mente retrata alguém muito ligado a mim por laços de grande amizade.

Kelag se concentrou por instantes no velhinho e declarou:

– Ele pensa no filho e retrata sua fisionomia quase com perfeição.

– Então é o pai de Alim?

– Perfeitamente, e conheço o motivo por que se apega a esse filho, quando teve muitos outros.

– Gostaria de ajudá-lo o máximo que puder. Quando estive preso ao leito, seu filho Alim substituiu o meu, Reynaldo, que estava distante, e mesmo com a vinda dele, Alim cercou-me de atenções até o fim. Sou-lhe grato e preciso fazer pelo pai o que ele fez por mim

– A tua boa vontade será eficaz. Aplica passes nos órgãos da voz e no cérebro, onde teve a lesão que o vitimou, e verás o resultado.

Cedrik entrou em ação rápida e não foi sem emoção que ouviu a voz clara do velho declarar:

– Obrigado, senhor, já posso falar.

– Podes dizer teu nome e quando deixaste a terra?

– Deixei-a há pouco tempo. Passei dias horríveis porque, me prendendo a mulheres, causei sofrimentos à minha dedicada companheira. Contudo, uma alma boa me recolheu e me fez compreender minha atual situação. Mas ainda sofro com o arrependimento; a minha boa Rosa não merecia o meu desrespeito. O meu nome? Pouco importa: Paulo, Pedro, Joaquim... qualquer um serve – disse o velho, sorrindo.

– Compreendo, amigo, a tua reserva, bastante compreensível. E por que te prendes tanto a esse teu filho em que pensas?

– Porque lhe fiz uma injustiça, deixando-me levar por comentários maldosos. Hoje ouvi a palavra daquela entidade luminosa, parece que o nome era Plauto, que falou sobre esse assunto. Saí de lá extremamente triste comigo mesmo.

– Ao contrário, precisas ficar satisfeito porque aprendeste o suficiente para não voltar a dar ouvidos a comentários levianos.

O velho voltou-se:

– Olha, aí vem a alma boa e generosa que me acolheu depois da fase errante por que passei. É um velho amigo, Camilo. Ele me vê seguidamente e já me tem trazido notícias da família.

Camilo sorriu:

– Então, falando muito bem agora, meu amigo! Que bom. E agora, vamos recuperar o tempo perdido. Serviço não nos falta. Há irmãos que passam anos e anos presos às sombras; tu foste feliz, teus acertos no bem contrabalançaram os desacertos. Já que estás falando, andando e vendo, não podes ficar na inércia. Vamos?

O velho se despediu, agradecendo a Cedrik, e saiu com Camilo.

Não demorou muito e Kelag veio procurar Cedrik.

– Meu amigo, alegra-me o coração te ver assim trabalhando e podendo socorrer a qualquer momento e de todas as formas – e com um olhar comovido, acrescentou:

– Que distância nos separa, meu amigo, daquelas figuras que fomos outrora... Que diferença dos antigos tártaros selvagens... Que diferença do Li-Itsang da velha China...E mesmo do Zeno da Grécia...Como poderias imaginar, naquelas épocas, que estarias em tão breve tempo virado ao avesso, ou seja, mostrando já um bom tanto de teu ser interno divino... Em suma, de semeador de crueldade, transformado em servidor dos semelhantes... – e Kelag sorriu, um ar feliz lhe iluminando a face.

– Kelag, meu amigo, eu mesmo quase não acredito nessa mutação. Mas sinto que é real, e embora ainda sujeito a muitos equívocos, nada sinto em mim que lembre nem remotamente as emoções primitivas daqueles séculos passados. Mas a verdade é que só uma coisa, uma única coisa foi capaz de extirpar de minha alma inconsciente as camadas insensíveis, endurecidas, do egoísmo e da crueldade, sensibilizando-me e me fazendo despertar para o sentido da vida: a dor.

– Disseste a verdade maior, meu amigo. A dor, o sofrimento de qualquer nível, são – infelizmente, porque ainda temos sido escravos da animalidade que restou em nós, mesmo já adentrados no reino humano – o bisturi que nos vai libertando, pouco a pouco, das espessas capas de insensibilidade, permitindo que a consciência desperte para a Vida Maior. O que muitos consideram castigo de Deus, ou o destino insensível e absurdo, é apenas o sábio medicamento que a Lei Eterna aplica nas chagas de nossa insensatez, acordando lentamente o anjo adormecido em nosso íntimo...

– Mas Kelag, ainda é muito pouco o que tenho podido fazer, diante do muito que gostaria. Tantos séculos de inconsciência, e como poderia acrescentar mais de serviço, de auxílio ao despertar da consciência dos semelhantes?

– Vamos para o Lar Unido, onde Plauto nos espera, e creio que terás uma resposta a essa questão que te fará feliz.

* * *

Uma surpresa aguardava Cedrik na sala de Plauto.

– Cedrik, meu caro, lembras daquele dia em que comentávamos episódios da tua caminhada milenar, e fizeste uma reflexão que foi ao mesmo tempo o aceno de uma vontade íntima?

– Sim, Plauto, eu comentei que se a humanidade tivesse noção de como acontecem as mutações lentas e dolorosas dos espíritos, como foi o meu caso, poderia refletir sobre a perfeição da Lei Maior...

– E acrescentaste que tua trajetória foi tão radical, das trevas para a luz, que até gostarias que pudesse servir para exemplificar essa ação da Lei, se a pudesses contar aos encarnados.

– É verdade... Mas disse que não veria como.

– Pois, meu amigo, a oportunidade se fez. Nossos Maiores aprovaram teu desejo e autorizam o relato de tua história milenar. A amiga que conhecem, dotada de mediunidade psicográfica, está disposta e satisfeita de recepcionar o relato de Lucio, nosso desvelado amigo, que irá compartilhar com os irmãos terrenos essa tua trajetória pelos longos caminhos do carma.

Cedrik acendeu nos olhos um brilho de intensa alegria, e a seguir, duas lágrimas lhe deslizaram dos olhos. Baixou a fronte enquanto agradecia ao Alto. Um abraço carinhoso uniu aquelas três almas.

– Meu amigo – concluiu Plauto – não há milagre, não há magia que se compare, no universo inteiro, a essa divina alquimia que transmuta as almas, sejam quais forem as profundezas obscuras em que mergulharem e, impelidas pelo secreto destino que reside em seu íntimo, as coloca inexoravelmente, mais cedo ou mais tarde, a caminho da Luz Eterna.

Foste um exemplo vivo de como opera a lei evolutiva.

* * *

Se hoje somos miseráveis, amanhã seremos venturosos. Dentro de nós há luz e sombra, anjo e demônio, homem e fera, virtudes e maldades.

Dominemos o lado mau e o lado bom começará se ampliar, emitindo raios claros que iluminarão o nosso caminho.

Lucio

FIM

Socialismo e Espiritismo
LÉON DENIS
Formato 14 x 21 cm • 114 p.

Socialismo é uma palavra a que muitas pessoas, no dizer de Erich Fromm, reagem de forma alérgica – simplesmente porque seu sentido tem sido deturpado, e equiparado com exclusividade à experiência stalinista e outras, de uma das versões do socialismo – o de Marx. Mas o ideal socialista não se resume ou iguala a essas versões.

Os primeiros socialistas da era cristã foram... os primeiros cristãos, que após a partida do Mestre, viviam comunitariamente em Jerusalém – vide Atos. Os essênios, apoiadores de Jesus, viviam numa comunidade igualitária, sem propriedade privada e rigorosamente socialista. Os cristãos primitivos (até o séc. IV) foram constantemente cobrados, pelos líderes da Igreja nascente, a permanecerem num estilo de vida igualitária, com a propriedade comum de tudo – socialistas. Os cátaros, esses interessantes contestadores cristãos da Igreja na Idade Média, reencarnacionistas e espiritualizados – socialistas. Seguidores de João Huss (Kardec em sua anterior encarnação), hussitas, fundaram na Boêmia a comunidade igualitária de Tabor – rigorosamente socialista.

A Utopia, de Thomas Morus (séc. XVI), modelo de uma sociedade ideal, fraterna, espiritualizada e feliz – permanece até hoje como um ideal de perfeição para a humanidade – o ideal socialista. Diversas outras "utopias" criadas depois têm em comum o mesmo cerne: igualdade, a posse comum dos bens, da terra, o bem-estar de todos e a ausência de privilégios. Uma das mais famosas foi a da sociedade rigorosamente socialista, industrializada, que Edward Bellamy criou em seu *Daqui a cem anos*, obra incluída por Kardec em seu Catálogo Racional – obras recomendadas para os centros espíritas – assim como incluiu as obras de Charles Fourier – um dos três socialistas iniciais mais importantes do século XIX.

ALMA SOLITÁRIA
foi confeccionado em impressão digital, em maio de 2022
Conhecimento Editorial Ltda
(19) 3451-5440 — conhecimento@edconhecimento.com.br
Impresso em Super Snowbright 70g – StoraEnso